Miguel de Cervantes Saavedra

El trato de Argel

Barcelona **2024**
Linkgua-ediciones.com

Créditos

Título original: El trato de Argel.

© 2024, Red ediciones S.L.

e-mail: info@linkgua.com

Diseño de cubierta: Michel Mallard.

ISBN tapa dura: 978-84-1126-125-8.
ISBN rústica: 978-84-9816-362-9.
ISBN ebook: 978-84-9816-968-3.

Cualquier forma de reproducción, distribución, comunicación pública o transformación de esta obra solo puede ser realizada con la autorización de sus titulares, salvo excepción prevista por la ley. Diríjase a CEDRO (Centro Español de Derechos Reprográficos, www.cedro.org) si necesita fotocopiar, escanear o hacer copias digitales de algún fragmento de esta obra.

Sumario

Créditos _____ 4

Brevísima presentación _____ 7
    La vida _____ 7

Personajes _____ 8

Jornada primera _____ 9

Jornada segunda _____ 33

Jornada tercera _____ 63

Jornada cuarta _____ 83

Libros a la carta _____ 107

Brevísima presentación
La vida
Miguel de Cervantes Saavedra (Alcalá de Henares, 1547-Madrid, 1616). España.
Era hijo de un cirujano, Rodrigo Cervantes, y de Leonor de Cortina. Se sabe muy poco de su infancia y adolescencia. Aunque se ha confirmado que era el cuarto entre siete hermanos. Las primeras noticias que se tienen de Cervantes son de su etapa de estudiante, en Madrid.
A los veintidós años se fue a Italia, para acompañar al cardenal Acquaviva. En 1571 participó en la batalla de Lepanto, donde sufrió horidas en el pecho y la mano izquierda. Y aunque su brazo quedó inutilizado, combatió después en Corfú, Ambarino y Túnez.
En 1584 se casó con Catalina de Palacios, no fue un matrimonio afortunado. Tres años más tarde, en 1587, se trasladó a Sevilla y fue comisario de abastos. En esa ciudad sufrió cárcel varias veces por sus problemas económicos, hacia 1603 o 1604 se fue a Valladolid y allí también fue a prisión, esta vez acusado de un asesinato. Desde 1606, tras la publicación del Quijote, fue reconocido como un escritor famoso y vivió en Madrid.

Los escritos iniciales de Cervantes datan de los tiempos de reclusión en Argel. A su regreso a España, entre 1582 y 1587, escribió sus primeras obras teatrales. Solo se conservan dos: *El cerco de Numancia* y *El trato de Argel*. Tras estos textos, en la tradición clásica y el teatro humanista, durante cierto tiempo dejó de escribir para la escena.
Cabe añadir que *El trato de Argel* fue imitada por Lope de Vega en *Los cautivos de Argel*.

Personajes

Aurelio
Zahara, ama de Aurelio
Yzuf, amo de Aurelio
Fatima, criada de Zahara
Sayavedra, soldado cautivo
Leonardo, cautivo
Sebastián, muchacho esclavo
Don mercaderes
Mamí, solado corsario
Un pregonero
Un padre, cautivo
Una madre, cautiva
Francisco, su hijo cautivo
Juan, su segundo hijo cautivo
Un moro
El Demonio
Tres esclavos
Dos muchachos moros
La Ocasión
La Necesidad
Un cristiano cautivo
Pedro, otro soldado cautivo
El rey moro
Cuatro turcos
Tres esclavos

Jornada primera

(Sale Aurelio.)

Aurelio
¡Triste y miserable estado!
¡Triste esclavitud amarga,
donde es la pena tan larga
cuan corto el bien y abreviado!
  ¡Oh purgatorio en la vida,
infierno puesto en el mundo,
mal que no tiene segundo,
estrecho do no hay salida!
  ¡Cifra de cuanto dolor
se reparte en los dolores,
daño que entre los mayores
se ha de tener por mayor!
  ¡Necesidad increíble,
muerte creíble y palpable,
trato mísero intratable,
mal visible e invisible!
  ¡Toque que nuestra paciencia
descubre si es valerosa;
pobre vida trabajosa,
retrato de penitencia!
  Cállese aquí este tormento,
que, según me es enemigo,
no llegará cuanto digo
a un punto de lo que siento.
  Pondérase mi dolor
con decir, bañado en lloros,
que mi cuerpo está entre moros
y el alma en poder de Amor.
  Del cuerpo y alma es mi pena:
el cuerpo ya veis cual va,

mi alma rendida está
a la amorosa cadena.
 Pensé yo que no tenía
Amor poder entre esclavos,
pero en mí sus recios clavos
muestran más su gallardía.
 ¿Qué buscas en la miseria,
Amor, de gente cautiva?
Déjala que muera o viva
con su pobreza y laceria.
 ¿No ves que el hilo se corta
desa tu amorosa estambre,
aquí con sed o con hambre,
a la larga o a la corta?
 Mas creo que no has querido
olvidarme en este estrecho,
que has visto sano mi pecho,
aunque tan roto el vestido.
 Desde agora claro entiendo
que el poder que en ti se encierra
abraza el cielo y la tierra,
y más que no comprehendo.
 Una cosa te pidiera,
si en esa tu condición
una sombra de razón
por entre mil sombras viera;
 y es que, pues fuiste la causa
de acabarme y destruirme,
que en el contino herirme
hagas un momento pausa.
 Yo no te pido que salgas
de mi pecho, pues no puedes;
antes, te pido que quedes,
y en este trance me valgas.

    Mira que se me apareja
una muy fiera batalla,
y que no he de atropellalla
si tu consejo me deja.
    Del lugar do me pusiste,
me procuran derribar;
pero, ¿quién podrá bajar
lo que tú una vez subiste?
    Ya viene Zahara y su arenga;
¡ay, enfadosa porfía;
cómo que me falta el día
antes que la noche venga!
    ¡Valedme, Silvia, bien mío,
que, si vos me dais ayuda,
de guerra más ardua y cruda
llevar la palma confío!

(Entra agora Zahara, ama de Aurelio, y Fátima, criada de Zahara.)

Zahara	¡Aurelio!
Aurelio	Señora mía...
Zahara	Si tú por tal me tuvieras, a fe que luego hicieras lo que ruega mi porfía.
Aurelio	Lo que tú quieres yo quiero, porque al fin te soy esclavo.
Zahara	Esas palabras alabo, mas tus obras vitupero.
Aurelio	¿Cuál ha sido por mí hecha

	que en ella no te complaces?
Zahara	Aquellas que no me haces me tienen mal satisfecha.
Aurelio	Señora, no puedo más; por agua me parto luego.
Zahara	Otra agua pide mi fuego, que no la que tú trairás. No te vayas; está quedo.
Aurelio	De leña hay falta en la casa.
Zahara	Basta la que a mí me abrasa.
Aurelio	Mi amo...
Zahara	No tengas miedo.
Aurelio	Déjame, señora, ir, no venga Yzuf, mi señor.
Zahara	Quien queda con tanto amor, mal te dejará partir.
Aurelio	No hay para qué más porfíes, señora: déjame ya.
Zahara	Aurelio, llégate acá.
Aurelio	Mejor es que te desvíes.
Zahara	¿Así, Aurelio, me despides?

Aurelio	Antes te hago favor,
	si con el compás de honor
	lo compasas y lo mides.
	¿No miras que soy cristiano
	con suerte y desdicha mala?
Zahara	El amor todo lo iguala:
	dame por señor la mano.
Fátima	Zahara, señora mía,
	dígote que me ha admirado
	mirar en lo que ha parado
	tu altivez y fantasía.
	Ver, por cierto, es gentil cosa,
	y digna de ser notada,
	de un cristiano enamorada
	una mora tan hermosa.
	Y lo que más llega al cabo
	tu afición tan sin medida,
	es mirarte estar rendida
	a un cristiano que es tu esclavo.
	¡Y monta que corresponde
	el perro a lo que le quieres!
	Perdóname; frágil eres.
Zahara	¿Dónde vas?
Fátima	Bien sé yo adonde.
Zahara	Dulce amiga verdadera,
	lo que dices no lo niego;
	mas ¿qué haré?, que amor es fuego
	y mi voluntad es cera.

　　　　　　　　　Y, puesto que el daño veo
　　　　　　　　　y el fin do habré de parar,
　　　　　　　　　imposible es contrastar
　　　　　　　　　las fuerzas de mi deseo.
　　　　　　　　　　Vuelve tu lengua e intento
　　　　　　　　　a combatir esta roca,
　　　　　　　　　que no será gloria poca
　　　　　　　　　gozar de su vencimiento.

Fátima　　　　　　　Quiero en esto complacerte,
　　　　　　　　　pues al fin puedes mandarme.
　　　　　　　　　Cristiano, vuelve a mirarme,
　　　　　　　　　que no es mi rostro de muerte.

Aurelio　　　　　　　Más que muerte me causáis
　　　　　　　　　con vuestros inducimientos.
　　　　　　　　　Dejadme con mis tormentos,
　　　　　　　　　porque en vano trabajáis.

Fátima　　　　　　　¿No ves cómo se retira
　　　　　　　　　el perro en su pundonor?
　　　　　　　　　Así entiende él del amor
　　　　　　　　　como el asno de la lira.

Aurelio　　　　　　　¿Cómo queréis que yo entienda
　　　　　　　　　de amor en esta cadena?

Zahara　　　　　　　Eso no te cause pena,
　　　　　　　　　que luego se hará la enmienda:
　　　　　　　　　　las dos te la quitaremos.

Aurelio　　　　　　　Muy mejor será dejalla;
　　　　　　　　　que no quiero con quitalla,
　　　　　　　　　pasar de un estremo a estremos.

Zahara	¿A qué extremos pasarás?
Aurelio	Quitando al cuerpo este hierro, cairé en otro mayor hierro, que al alma fatigue más.
Fátima	¿Almas tenéis los cristianos?
Aurelio	Sí, y tan ricas y estremadas cuanto por Dios rescatadas.
Fátima	¡Que son pensamientos vanos! Pero si almas tenéis, de diamante es su valor, pues en la fragua de amor muy más os endurecéis. Aurelio, ¡resulución! Ten cuenta en lo que te digo: no quieras ser tan amigo de tu obstinada opinión. Ya te ves sin libertad, entre hierros apretado, pobre, desnudo, cansado, lleno de necesidad, sujeto a mil desventuras, a palos, a bofetones, a mazmorras, a prisiones, donde estás contino a oscuras. Libertad se te promete; los hierros se quitarán, y después te vestirán. No hay temor de oscuro brete. Cuzcuz, pan blanco a comer,

     gallinas en abundancia,
     y aun habrá vino de Francia
     si vino quieres beber.
      No te pido lo imposible,
     ni trabajos demasiados,
     sino blandos, regalados,
     dulces lo más que es posible.
      Goza de la coyuntura
     que se te ríe delante;
     no hagas del ignorante,
     pues muestras tener cordura.
      Mira tu señora Zahara
     y lo mucho que merece:
     mira que al Sol oscurece
     la luz de su rostro clara.
      Contempla su juventud,
     su riqueza, nombre y fama;
     mira bien que agora llama
     a tu puerta la salud.
      Considera el interés
     que en hacer esto te toca,
     que hay mil que pondrían la boca
     donde tú pondrás los pies.

Aurelio   ¿Has dicho, Fátima?

Fátima   Sí.

Aurelio   ¿Quieres que responda yo?

Fátima   Responde.

Aurelio   Digo que no.

Zahara	¡Ay, Alá! ¿Qué es lo que oí?
Aurelio	Yo digo que no conviene pedirme lo que pedís, porque muy poco advertís el peligro que contiene.
Fátima	¿Qué peligro puede haber, queriéndolo tu señora?
Aurelio	La ofensa que, siendo mora, a Mahoma viene a hacer.
Zahara	¡Déjame a mí con Mahoma, que agora no es mi señor, porque soy sierva de Amor, que el alma sujeta y doma! ¡Echa ya el pecho por tierra y levantarte he a mi cielo!
Aurelio	Señora, tengo un recelo que me consume y atierra.
Fátima	¿De qué te recelas? Di. Aurelio Señora, de que no veo ningún camino o rodeo como complacerte a ti. En mi ley no se recibe hacer yo lo que me ordenas; antes, con muy graves penas y amenazas lo prohíbe; y aun si batismo tuvieras, siendo, como eres, casada, fuera cosa harto escusada

	si tal cosa me pidieras.
	Por eso yo determino
	antes morir que hacer
	lo que pide tu querer,
	y en esto estaré contino.
Zahara	Aurelio, ¿estás en tu seso?
Aurelio	Y aun por estar tan en él
	soy para vos tan cruel.
Zahara	¡Ay, desdichado suceso!
	¿Que es posible que tan poco
	valgan mis ruegos contigo?
Fátima	Sin duda que este enemigo
	es muy cuerdo, o es muy loco.
	¡Perro! ¿Tanta fantasía?
	¿Pensáis que hablamos de veras?
	Antes de mal rayo mueras
	primero que pase el día!
	¡Ruin sin razón ni compás,
	nacido de vil canalla!
	¿Pensábades ya triunfalla,
	perrazo, sin más ni más?
	Comigo las has de haber,
	y de modo que te aviso
	que dirá el que nunca quiso:
	«¡Más le valiera querer!».
	No estés, Zahara, descontenta,
	deja el remedio en mi mano,
	que a este perro cristiano
	yo le haré que se arrepienta.

Zahara	No es bien que por mal se lleve.
Fátima	Ni aun bien llevado por bien.
Zahara	Cese, Aurelio, tu desdén.
Fátima	Con eso el perro se atreve. Ven, señora, al aposento; que, en esta pena crecida, o yo perderé la vida, o tú ternás tu contento.

(Sálense las dos y queda Aurelio solo.)

Aurelio	¡Padre del cielo, en cuya fuerte diestra
	está el gobierno de la tierra y cielo,
	cuyo poder acá y allá se muestra
	  con amoroso, justo y santo celo,
	Si tu luz, si tu mano no me adiestra
	a salir deste caos, temo y recelo
	  que, como el cuerpo está en prisión esquiva,
	también el alma ha de quedar cautiva!
	En Vos, Virgen Santísima María,
	  entre Dios y los hombres medianera,
	de mi mar incierto cierta guía,
	virgen entre las vírgenes primera;
	  en Vos, Virgen y Madre, en Vos confía
	mi alma, que sin Vos en nadie espera,
	que la habéis de guiar con vuestra lumbre
	  deste hondo valle a la más alta cumbre.
	Bien sé que no merezco que se acuerde
	vuestra eterna memoria de mi daño,
	  porque tengo en el alma fresco y verde
	el dulce fructo del amor estraño;

    mas vuestra alta clemencia, que no pierde
       ocasión de hacer bien, mi mal tamaño
    remedie, que ya estoy casi perdido,
    de Scila y de Caribdis combatido.
       Si el cuerpo esclavo está, está libre el alma,
    puesto que Silvia tiene parte en ella,
    y la amorosa trunfadora palma
       ha de llevar sola mi Silvia della.
    Ponga Zahara su amor, póngale en calma,
    que mi firmeza no hay pensar rompella,
       y aquello que a mi Dios y a Silvia debo,
    me hace que aun mirarla no me atrevo.
    ¿Dó estás, Silvia hermosa? ¿Qué destino,
       qué fuerza insana de implacable hado
    el curso de aquel próspero camino
    tan sin causa y razón nos ha cortado?
       ¡Oh estrella, oh suerte, oh fortuna, oh signo!,
    si alguno de vosotros ha causado
    tamaña perdición, desde aquí digo
       que mil cuentos de veces le maldigo.
    Yo moriré por lo que al alma toca,
    antes que hacer lo que mi ama quiere;
       firme he de estar cual bien fundada roca
    que en torno el viento, el mar combate y hiere.
    Que sea mi vida mucha, o que sea poca,
       importa poco; solo el que bien muere
    puede decir que tiene larga vida,
    y el que mal, una muerte sin medida.

(Éntrase Aurelio, y salen Sayavedra, soldado cautivo; Leonardo, cautivo, y Sebastián, muchacho cautivo, a su tiempo.)

Sayavedra   En la veloz carrera, apresuradas
                       las horas del ligero tiempo veo,

contra mí con el cielo conjuradas.
Queda atrás la esperanza, y no el deseo,
y así la vida dél, la muerte della,
el daño, el mal aunmentan que poseo.
¡Ay dura, inicua, inexorable estrella,
cómo de los cabellos me has traído
al terrible dolor que me atropella!

Leonardo
El llanto en tales tiempos es perdido,
pues si llorando el cielo se ablandara,
ya le hubieran mis lágrimas movido.
A la triste fortuna alegre cara
debe mostrar el pecho generoso:
que a cualquier mal, buen ánimo repara.

Sayavedra
El cuello enflaquecido al trabajoso
yugo de esclavitud amarga puesto,
bien ves que a cuerpo y alma es peligroso;
  y más aquel que tene prosupuesto
de dejarse morir antes que pase
un punto el modo del vivir honesto.

Leonardo
Si acaso yo tus obras imitase,
forzoso me sería que al momento
en brazos de la hambre me entregase.
  Bien sé que en el cautivo no hay contento;
mas no quiero crecer yo mi fatiga,
tiniendo en ella siempre el pensamiento.
  A mi patrona tengo por amiga;
trátame cual me ves: huelgo y paseo;
«cautivo soy», el que quisiere diga.

Sayavedra
Triunfa, Leonardo, y goza ese trofeo;
que, si por ser cautivo le hermoseas,

                    yo sé que es torpe, desgraciado y feo.

Leonardo   Amigo Sayavedra, si te arreas
                    de ser predicador, ésta no es tierra
                    do alcanzarás el fructo que deseas.
                        Déjate deso y escucha de la guerra
                    que el gran Filipo hace nueva cierta,
                    y un poco la pasión de ti destierra.
                        Dicen que una fragata de Biserta
                    llegó esta noche allí con un cautivo
                    que ha dado vida a mi esperanza muerta.
                        Quitóle libertad el hado esquivo,
                    de Málaga pasando a Barcelona;
                    cautivóle Mamí, cosario esquivo.
                        En su manera muestra ser persona
                    de calidad, y que es ejercitado
                    en el duro ejercicio de Belona.
                        Dice el número cierto que ha pasado
                    de soldados a España forasteros,
                    sin los tres tercios nuestros que han bajado;
                        los príncipes, señores, caballeros,
                    que a servir a Filipo van de gana;
                    los naturales y los estranjeros,
                        y la muestra hermosísima lozana
                    que en Badajoz hacer el rey pretende
                    de la pujanza de la Unión Cristiana.
                        Dice con esto que ninguno entiende
                    el disinio del rey, y el hablar desto,
                    al grande y al pequeño se defiende.

Sayavedra   Rompeos ya, cielos, y llovednos presto
                    el librador de nuestra amarga guerra
                    si ya en el suelo no le tenéis puesto.
                        Cuando llegué cautivo y vi esta tierra

tan nombrada en el mundo, que en su seno
tantos piratas cubre, acoge y cierra,
 no pude al llanto detener el freno,
que, a pesar mío, sin saber lo que era,
me vi el marchito rostro de agua lleno.
 Ofrecióse a mis ojos la ribera
y el monte donde el grande Carlo tuvo
levantada en el aire su bandera,
 y el mar que tanto esfuerzo no sostuvo,
pues, movido de envidia de su gloria,
airado entonces más que nunca estuvo.
 Estas cosas volviendo en mi memoria,
las lágrimas trujeran a los ojos,
forzados de desgracia tan notoria.
 Pero si el alto Cielo en darme enojos
no está con mi ventura conjurado,
y aquí no lleva muerte mis despojos,
 cuando me vea en más seguro estado,
o si la suerte o si el favor me ayuda
a verme ante Filipo arrodillado,
 mi lengua balbuciente y casi muda
pienso mover en la real presencia,
de adulación y de mentir desnuda,
 diciendo: «Alto señor, cuya potencia
sujetas trae las bárbaras naciones
al desabrido yugo de obediencia:
 a quien los negros indios con sus dones
reconocen honesto vasallaje,
trayendo el oro acá de sus rincones;
 despierte en tu real pecho coraje
la desvergüenza con que una bicoca
aspira de contino a hacerte ultraje.
 Su gente es mucha, mas su fuerza es poca,
desnuda, mal armada, que no tiene

en su defensa fuerte muro o roca.
　Cada uno mira si tu Armada viene,
para dar a los pies el cargo y cura
de conservar la vida que sostiene.
　De la esquiva prisión, amarga y dura,
adonde mueren quince mil cristianos,
tienes la llave de su cerradura.
　Todos, cual yo, de allá, puestas las manos,
las rodillas por tierra, sollozando,
cerrados de tormentos inhumanos,
　poderoso señor, te están rogando
vuelvas los ojos de misericordia
a los suyos, que están siempre llorando;
　y, pues te deja agora la discordia
que tanto te ha oprimido y fatigado,
y Amor en darte sigue la concordia,
　haz, ¡oh buen rey!, que sea por ti acabado
lo que con tanta audacia y valor tanto
fue por tu amado padre comenzado.
　El solo ver que vas pondrá un espanto
en la bárbara gente, que adivino
ya desde aquí su pérdida y quebranto».
　¿Quién duda que el real pecho begnino
no se muestre, oyendo la tristeza
donde están estos míseros contino?
　Mas, ¡ay, cómo se muestra la bajeza
de mi tan rudo ingenio, pues pretende
hablar tan bajo ante tan alta alteza!
　Mas la ocasión es tal, que me defiende.
Pero a todo silencio poner quiero,
que creo que mi plática te ofende,
y al trabajo he de ir adonde muero.

(Aquí sale Sebastián, muchacho, en hábito de esclavo.)

Sebastián	¿Hase visto tal maldad?
	 ¿Hay tierra tan sin concordia,
	 do falta misericordia
	 y sobra la crueldad?
	    ¿Dónde se hallará disculpa
	 de maldad tan insolente:
	 que pague el que es inocente
	 por el que tiene la culpa?
	    ¡Oh cielos! ¿Qué es lo que he visto?
	 ¡éste sí que es pueblo injusto,
	 donde se tiene por gusto
	 matar los siervos de Cristo!
	    ¡Oh España, patria querida!,
	 mira cuál es nuestra suerte,
	 que si allá das justa muerte,
	 quitas acá justa vida.

Leonardo	Sebastián, dinos qué tienes, que hablas razones tales.
Sebastián	Una infinidad de males y una penuria de bienes.
Leonardo	En ser, como eres, esclavo se encierra todo dolor.
Sebastián	Otra pena muy mayor me tiene a mí tan al cabo.
Sayavedra	¿De dónde puede causarse la pena que dices brava?
Sebastián	De una vida que hoy se acaba

para jamás acabarse.
　Ya sabéis que aquí en Argel
se supo cómo en Valencia
murió por justa sentencia
un morisco de Sargel;
　digo que en Sargel vivía,
puesto que era de Aragón,
y, al olor de su nación,
pasó el perro en Berbería;
　aquí cosario se hizo,
con tan prestas crueles manos,
que con sangre de cristianos
la suya bien satisfizo.
　Andando en corso fue preso,
y, como fue conocido,
fue en la Inquisición metido,
do le formaron proceso;
　y allí se le averiguó
cómo, siendo batizado,
de Cristo había renegado
y en África se pasó,
　y que, por su industria y manos,
traidores tratos esquivos,
habían sido cautivos
más de seiscientos cristianos;
　y, como se le probaron
tantas maldades y errores,
los justos inquisidores
al fuego le condenaron.
　Súpose del moro acá,
y la muerte que le dieron,
porque luego la escribieron
los moriscos que hay allá.
　La triste nueva sabida

de los parientes del muerto,
juran y hacen concierto
de dar al fuego otra vida.
   Buscaron luego un cristiano
para pagar este escote,
y halláronle sacerdote,
y de nación valenciano.
   Prendieron éste a gran priesa
para ejecutar su hecho,
porque vieron que en el pecho
traía la cruz de Montesa,
   y esta señal de victoria
que le cupo en buena suerte,
si le dio en el suelo muerte,
en el cielo le dio gloria;
   porque estos ciegos sin luz,
que en él tal señal han visto,
pensando matar a Cristo,
matan al que trae su cruz.
   De su amo lo compraron,
y, aunque eran pobres, a un punto
el dinero todo junto
de limosna lo allegaron.
   En nuestro pueblo cristiano,
por Dios se pide a la gente,
para sanar al doliente,
no para matar al sano;
   mas entre esta descreída
gente y maldito lugar,
no piden para sanar,
mas para quitar la vida.
   Hoy en poder de sayones
he visto al siervo de Dios,
no solo puesto entre dos,

sino entre dos mil sayones.
   Iba el sacerdote justo
entre injusta gente puesto,
marchito y humilde el gesto,
a morir por Dios con gusto.
   En darle penas dobladas
todo el pueblo se desvela:
cual sus blancas canas pela,
cual le da mil bofetadas.
   Las manos que a Dios tuvieron
mil veces, hoy son tenidas
de dos sogas retorcidas
con que atrás se las asieron;
   al yugo de otro cordel,
puesto el cuello humilde lleva,
haciendo seis moros prueba
cuánto pueden tirar dél.
   A ningún lado miraba
que descubra un solo amigo:
que todo el pueblo enemigo
en torno le rodeaba.
   Con voluntad tan dañada
procuran su pena y lloro,
que se tuvo por mal moro
quien no le dio bofetada.
   A la marina llegaron
con la víctima inocente,
do con barbaria insolente
a un áncora le ligaron.
   Dos áncoras a una mano
vi yo allí en contrario celo:
una, de hierro, en el suelo;
otra, de fe, en el cristiano.
   Y, la una a la otra asida,

la de hierro se convierte
a dar cruda y presta muerte;
la de fe, a dar larga vida.
   Ved si es bien contrario el celo
de las dos en esta guerra:
la una en el suelo afierra;
la otra se ase del cielo;
   y, aunque corra tal fortuna
que espante al cuerpo y al alma,
como si estuviera en calma,
no hay desasirse la una.
   Sin hierro al hierro ligado,
el siervo de Dios se hallaba,
y en su cuerpo atado estaba
espíritu desatado.
   El cuerpo no se rodea,
que le ata más de un cordel;
mas el espíritu dél
todos los cielos pasea.
   La canalla, que se enseña
a hacer nueva crueldad,
trujo luego cantidad
de seca y humosa leña,
   y una espaciosa corona
hicieron luego con ella,
dejando encerrada en ella
la santa humilde persona;
   y, aunque no tienen sosiego
hasta verle ya espirar,
para más le atormentar,
encienden lejos el fuego.
   Quieren, como el cocinero
que a su oficio más mirase,
que se ase y no se abrase

la carne de aquel cordero.
　Sube el humo al aire vano,
y a veces le da en los ojos;
quema el fuego los despojos
que le vienen más a mano;
　vase arrugando el vestido
con el calor violento,
y el fuego, poco contento,
busca lo más escondido.
　Esperad, simple cordero,
que esta ardiente llama insana,
si os ha quemado la lana,
os quiere abrasar el cuero.
　Combátenle fuegos dos:
el uno, humano y visible;
el otro, santo invisible,
que es fuego de amor de Dios.
　Yo no sé a cuál más debía,
puesto que a los dos pagaba:
al que el cuerpo le abrasaba
o al que el alma le encendía.
　Los que estaban a miralle,
la ira así les pervierte,
que mueren por darle muerte
y entretiénense en matalle.
　Y, en medio deste tormento,
no movió el santo varón
la lengua a formar razón
que fuese de sentimiento;
　antes dicen, y yo he visto,
que, si alguna vez hablaba,
en el aire resonaba
el eco o nombre de Cristo;
　y cuando en el agonía

última el triste se vio,
cinco o seis veces llamó
la Virgen Santa María.
   Al fuego el aire le atiza,
y con tal ardor revuelve,
que poco a poco resuelve
el santo cuerpo en ceniza.
   Mas, ya que morir le vieron,
tantas piedras le tiraron,
que las piedras acabaron
lo que las llamas no hicieron.
   ¡Oh Santisteban segundo,
que me asegura tu celo
que miraste abierto el cielo
en tu muerte desde el mundo!
   Queda el cuerpo en la marina,
quemado y apedreado;
el alma el vuelo ha tomado
hacia la región divina.
   Queda el moro muy gozoso
del injusto y crudo hecho;
el turco está satisfecho;
el cristiano, temeroso.
   Yo he venido a referiros
lo que no pudistes ver,
si os lo ha dejado entender
mis lágrimas y suspiros.

Sayavedra
   Deja el llanto, amigo, ya;
que no es bien que se haga duelo
por los que se van al cielo,
sino por quien queda acá:
   que, aunque parece ofendida
a humanos ojos su suerte,

        el acabar con tal muerte
es comenzar mejor vida.
   Mide por otro nivel
tu llanto, que no hay paciencia
que las muertes de Valencia
se venguen acá en Argel.
   Muéstrase allá la justicia
en castigar la maldad;
muestra acá la crueldad
cuánto puede la injusticia.

Sebastián   En tan amarga querella,
¿quién detendrá los gemidos?
Ellos con culpa punidos;
nosotros, muertos sin ella.

Leonardo   Bastábanos ser cautivos,
sin temer más desconciertos,
pues si allá queman los muertos,
abrasan acá los vivos.
   Usa Valencia otros modos
en castigar renegados,
no en público sentenciados:
¡mueran a tósico todos!
   Mas un moro viene acá:
no estemos juntos aquí;
Sayavedra, por allí,
tú, Sebastián, por allá.

Fin de la primera jornada

Jornada segunda

(Salen Yzuf y Aurelio.)

Ysuf
Trescientos escudos di,
Aurelio, por la doncella.
Esto di al turco, que a ella
alma y vida le rendí;
y es poco, según es bella.
 Vendiómela de aburrido,
que dice que no ha podido,
mientras la tuvo en poder,
en ningún modo atraer
al amoroso partido.
 Púsela en casa de un moro,
sin osarla traer acá,
y allí está donde ella está
todo mi bien y tesoro,
y la gloria que amor da.
 Allí se ve la bondad
junto con la crueldad
mayor que se vio en la tierra;
y juntas, sin hacer guerra,
belleza y honestidad.
 No pueden prometimientos
ablandar su duro pecho.
Veme en lágrimas deshecho,
y ofrece siempre a los vientos
cuantos servicios la he hecho.
 No echa de ver su ventura,
ni cómo el dolor me apura
poco a poco sospirando;
antes, cuando yo más blando,
entonces ella más dura.

               A casa quiero traella
            y reclinar en tu mano
            mi gozo más soberano:
            quizá tú podrás movella,
            siendo, como ella, cristiano;
               y desde aquí te prometo
            que, si conduces a efecto
            mi amorosa voluntad,
            de darte la libertad
            y serte amigo perfecto.

Aurelio   En todo lo que quisieres,
            he, señor, de complacerte,
            por ser tu esclavo y por verte
            que melindres de mujeres
            te tengan de aquesa suerte.
               ¿De qué nación es la dama
            que te enciende en esa llama
            sin mirar a su interés?

Ysuf   Española dicen que es.

Aurelio   ¿Y el nombre?

Ysuf   Silvia se llama.

Aurelio   ¿Silvia? Una Silvia venía
            adonde yo cautivé,
            y, según que la miré,
            no en tanto allá se tenía.

Ysuf   Ésa es: yo la compré.

Aurelio   Si ella es, yo sé decir

que es hermosa sin mentir,
y que no es tan cruda altiva,
que su condición esquiva
a ninguno hace morir.
　Traéla a casa, señor, luego,
y ten las riendas al miedo;
y tú verás, si yo puedo,
cómo a mis manos y ruego
amaina el casto denuedo.

Ysuf

Yo voy; y, mientras se ordena
su venida, por estrena
del contento que me has dado,
yo diré a mi renegado
que te quite esa cadena.

(Vase Yzuf y queda Aurelio solo.)

Aurelio

¿Qué es esto, cielos? ¿Qué he oído?
¿Es mi Silvia? Silvia es, cierto.
¿Es posible, oh hado incierto,
que he de ver quien me ha tenido
vivo en muerte, en vida muerto?
　ésta es mi Silvia, a quien llamo,
a quien quiero y a quien amo
más que a todo lo del suelo.
¡Gracias hago y doy al cielo,
que a los dos ha dado un amo!
　Tregua tendrán mis enojos
entre tanta desventura,
pues, por estraña ventura,
vendrán a mirar mis ojos
tu sin igual hermosura.
　Y si della está rendido

>   mi amo, está conocido
>   que quien la supo mirar
>   es imposible escapar
>   de preso o de malherido.
>   Y, pues que con tales bríos
>   él descubre sus amores,
>   si nos vemos, sus dolores
>   se callarán y los míos
>   te diré, que son mayores.
>   Y, mientras pudiere ver
>   tu hermosura y gentil ser,
>   templaré mi desconsuelo,
>   hasta que disponga el cielo
>   de entrambos lo que ha de ser.

(Vase Aurelio, y Salen mercaderes moros (primero y segundo), y Mamí, soldado cosario. Y luego un pregonero, padre y madre con Francisco y Juan sus dos hijos cautivos.)

Mercader 1   En fin, Aydar, ¿que en Cerdeña
              habéis hecho la galima?

Mamí   Sí; y aun no de poca estima,
              según se vio en la reseña.

Mercader 2   Dícennos que os dieron caza
              de Nápoles las galeras.

Mamí   Sí dieron, mas no de veras,
              que el peso las embaraza.
                 El ladrón que va a hurtar,
              para no dar en el lazo,
              ha de ir muy sin embarazo
              para huir, para alcanzar.

　　　　　　　　Las galeras de cristianos,
　　　　　　　　sabed, si no lo sabéis,
　　　　　　　　que tienen falta de pies
　　　　　　　　y que no les sobran manos;
　　　　　　　　　y esto lo causa que van
　　　　　　　　tan llenas de mercancías,
　　　　　　　　que, si bogasen dos días,
　　　　　　　　un pontón no tomarán.
　　　　　　　　　Nosotros, a la ligera,
　　　　　　　　listos, vivos como el fuego,
　　　　　　　　y, en dándonos caza, luego
　　　　　　　　pico al viento y ropa fuera,
　　　　　　　　　las obras muertas abajo,
　　　　　　　　árbol y entena en crujía,
　　　　　　　　y así hacemos nuestra vía
　　　　　　　　contra el viento sin trabajo;
　　　　　　　　　y el soldado más lucido,
　　　　　　　　el más flaco y más membrudo,
　　　　　　　　luego se muestra desnudo
　　　　　　　　y del bogavante asido.
　　　　　　　　　Pero allá tiene la honra
　　　　　　　　el cristiano en tal extremo,
　　　　　　　　que asir en un trance el remo
　　　　　　　　le parece que es deshonra;
　　　　　　　　　y, mientras ellos allá
　　　　　　　　en sus trece están honrados,
　　　　　　　　nosotros, dellos cargados,
　　　　　　　　venimos sin honra acá.

Mercader 1　　　　Esa honra y ese engaño
　　　　　　　　nunca salga de su pecho,
　　　　　　　　pues nuestro mayor provecho
　　　　　　　　nace de su propio daño.
　　　　　　　　　Un mozo de poca edad

	destos sardos comprar quiero.
Mamí	Ya los trae el pregonero vendiendo por la ciudad.
Mercader 2	¿Hay españoles entre ellos?
Mamí	Sí hay; que también tomamos una nave, y allí hallamos hasta viente y cuatro dellos.

(Entra el pregonero, con el padre y la madre y los dos muchachos y un niño de teta a los pechos.)

Pregonero	¿Hay quien compre los perritos, y el viejo, que es el perrazo, y la vieja y su embarazo? Pues, ¡a fe que son bonitos! Déste me dan ciento y dos; déste doscientos me dan; pero no los llevarán. ¡Pasá acá, perrazo, vos!
Francisco	¿Qué es esto, madre? ¿Por dicha véndennos aquestos moros?
Madre	Sí, hijo; que sus tesoros los crece nuestra desdicha.
Pregonero	¿Hay quien a comprar acierte el niño y la madre junto?
Madre	¡Oh amargo y terrible punto, más terrible que la muerte!

Padre	¡Sosegad, señora, el pecho; que si mi Dios ha ordenado ponernos en este estado, él sabe por qué lo ha hecho!
Madre	Destos hijos tengo pena, que no sé por dónde han de ir.
Padre	Dejad, señora, cumplir lo que el alto cielo ordena.
Mercader 2	¿Qué han de dar déste, decí?
Pregonero	Ciento y dos escudos dan.
Mercader 2	¿Por ciento y diez darlo han?
Pregonero	No, si no pasáis de ahí.
Mercader 2	¿Está sano?
Pregonero	Sano está.

(Ábrele la boca.)

Mercader 2	Abre; no tengas temor.
Francisco	¡No me la saque, señor; que ella misma se cairá!
Mercader 2	¿Piensa que sacalle quiero el rapaz alguna muela?

Francisco	¡Paso, señor, no me duela; tenga, quedo, que me muero!
Mercader 2	Destotro, ¿cuánto dan dél?
Pregonero	Doscientos escudos dan.
Mercader 2	¿Y por cuánto le darán?
Pregonero	Trescientos piden por él.
Mercader 1	Si te compro, ¿serás bueno?
Francisco	Aunque vos no me compréis, seré bueno.
Mercader 1	¿Serlo heis?
Francisco	Ya lo soy, sin ser ajeno.
Mercader 1	Por éste doy ciento y treinta.
Pregonero	Vuestro es: venga el dinero.
Mercader 1	En casa dároslo quiero.
Madre	El corazón me revienta.
Mercader 1	Comprad, compañero, esotro. Ven, niño, vente a holgar.
Juan	No, señor; no he de dejar mi madre por ir con otro.

Madre	Ve, hijo, que ya no eres sino del que te ha comprado.
Juan	¡Ay, madre! ¿Habéisme dejado?
Madre	¡Ay, cielo, cuán crudo eres!
Mercader 1	Anda, rapaz, ven conmigo.
Francisco	Vámonos juntos, hermano.
Juan	No puedo, ni está en mi mano.
Padre	El cielo vaya contigo.
Madre	¡Oh, mi bien y mi alegría, no se olvide de ti Dios!
Francisco	¿Dónde me llevan sin vos, padre mío y madre mía?
Madre	¿Quieres que hable, señor, a mi hijo aun no un momento? Dame este breve contento, pues es eterno el dolor.
Mercader 1	Cuanto quisieres le di, pues será la vez postrera.
Madre	Sí, pues ésta es la primera que en este trance me vi.
Hijo 1	Tenedme con vos aquí, madre, que voy no sé dónde.

Madre   La ventura se te esconde,
                 hijo, pues yo te parí.
                    Hase oscurecido el cielo,
                 turbado los elementos,
                 conjurado mar y vientos
                 todos en tu desconsuelo
                    No conoces tu desdicha,
                 aunque estás bien dentro della,
                 puesto que el no conocella
                 lo puedes tener a dicha.
                    Lo que te ruego, alma mía,
                 pues el verte se me impide,
                 es que nunca se te olvide
                 rezar el Avemaría;
                    que esta reina de bondad,
                 de virtud y gracia llena,
                 ha de limar tu cadena
                 y volver tu libertad.
                    Moro ¡Mirad la perra cristiana
                 qué consejo da al muchacho!
                 ¡Sí que no estaba él borracho
                 como tú, sin seso, vana!

Francisco   Madre, al fin, ¿que no me quedo?
                 ¿Que me llevan estos moros?

Madre   Contigo van mis tesoros.

Francisco   A fe que me ponen miedo.

Madre   Más miedo me queda a mí
                 de verte ir donde vas,
                 que nunca te acordarás

	de Dios, de ti, ni de mí; 　porque esos tus tiernos años, ¿qué prometen sino aquesto, entre inicua gente puesto, fabricadora de engaños?
Pregonero	¡Calla, vieja y mala pieza, si no quieres, por más mengua, que lo que dice tu lengua! 　¿Destotro hay quien me dé mas? Que es mas bello y más lozano que no es el otro su hermano.
Mercader 2	¡Sus!, ¿en cuánto le darás?
Pregonero	¿No os he dicho que trescientos escudos de oro por cuenta?
Mercader 2	¿Quiés doscientos y cincuenta?
Pregonero	Es dar voces a los vientos.
Mercader 2	Enamorado me ha el donaire del garzón; yo los doy en conclusión.
Pregonero	Dinero o señal me da.
Mercader 2	Cómo te llamas me di.
Francisco	Señor, Francisco me llamo.
Mercader 2	Pues que has mudado de amo, muda el Francisco en Mamí.

Francisco	¿Para qué es mudar el nombre, si no ha de mudar la fe?
Mercader 2	Eso agora no lo sé.
Francisco	No hay castigo que me asombre.
Mercader 2	Alto, venidos tras mí.
Francisco	¡Amados padres, adiós!
Padre	¡El mesmo vaya con vos!
Madre	¡Francisco!
Mercader 2	No, no: Mamí.
Francisco	Eso no, señor patrón: Francisco me has de llamar.
Mercader 2	El palo os hará trocar el nombre y aun la intención.
Francisco	Pues me aparta el hado insano de vos, señor, ¿qué mandáis?
Padre	Solo, hijo, que viváis como bueno y fiel cristiano.
Madre	Hijo, no las amenazas, no los gustos y regalos, no los azotes y palos, no los conciertos y trazas,

| | no todo cuanto tesoro
| | cubre el suelo, el cielo visto,
| | te mueva a dejar a Cristo
| | por seguir al pueblo moro.

Francisco   En mí se verá, si puedo,
              y mi buen Jesús me ayuda,
              cómo en mi alma no muda
              la fe, la promesa o miedo.

Pregonero   ¡Oh, qué cristiano se muestra
              el rapaz! Pues ¡yo os prometo
              que alcéis con santo aprieto
              la flecha y la mano diestra!
                Estos rapaces cristianos,
              al principio muchos lloros,
              y luego se hacen moros
                mejor que los más ancianos.

(Vanse, y salen Yzuf y Silvia.)

Yzuf   Dejad, Silvia, el llanto agora;
              poned tregua al ansia brava,
              que no os compré para esclava,
              sino para ser señora.
                Mirad que imagino y creo
              que vuestra gran desventura,
              para daros más ventura
              ha traído este rodeo.
                Con vos Fortuna en su ley
              no usa de nuevas leyes:
              que esclavos se han visto reyes,
              aunque vos sois más que rey.
                Limpiad los húmedos ojos,

        que sujetan cuanto miran,
y, al tiempo que se retiran,
llevan de almas los despojos;
  y no cubra el blanco velo
esa divina hermosura,
que es como la nieve pura,
que impide la luz del cielo.

Silvia   Esme ya tan natural,
señor, el llanto y tormento,
que, si me deja un momento,
lo tengo por mayor mal;
  y, aunque así estoy, estaré
alegre al obedeceros,
pues distes tantos dineros
por mí sin saber por qué;
  que, si acaso lo habéis hecho
pensando sacar de mí
gran rescate, desde aquí
se apoca vuestro provecho;
  porque os prometo, señor,
que de miseria y pobreza
tengo cuanto de riqueza,
si la riqueza es dolor;
  y de dolor soy tan rica,
cuanto, por darme pasión,
este caudal la ocasión
por puntos le multiplica.

Yzuf   Silvia, vives engañada:
que yo no quiero de ti
sino que quieras de mí
ser servida y respetada;
  que el provecho que yo espero,

Silvia, de haberte comprado,
es ver tu rostro estremado
y no doblar el dinero;
   que el Amor, que se mejora
en mostrar su fuerza brava,
me ha hecho esclavo de mi esclava,
esclava que es mi señora;
   y quedo tan satisfecho
de perder la libertad,
que alabo la crueldad
deste crudo y nuevo hecho.
   Y, porque lo que aquí digo
lo entiendas, Silvia, mejor,
nunca me llames señor,
sino siervo o caro amigo.

Silvia

Aunque tamaña mudanza
hace fortuna en mi estado,
no creo se me ha olvidado
el término de crianza.
   Bien sé cómo he de llamarte,
y sé que es de obligación
que en lo que fuera razón
procure de contentarte.

Yzuf

Tu habla tan comedida,
tu donaire, gracia y ser,
claro me dan a entender
que eres, Silvia, bien nacida;
   y, aunque pudiera esperar
de ti un rescate crecido,
a tal término he venido,
que tú me has de rescatar.
   Mas, en tanto que a la clara

	veas cuanto hago por ti, ven, Silvia, vente tras mí: verás a tu ama Zahara.
Silvia	Vamos, señor, en buen hora.
Yzuf	Silvia, no tanto «señor», pues mi ventura y amor os ha hecho a vos mi señora.
(Sale Zahara.)	
Zahara	Seáis, Yzuf, bien llegado. ¿Cúya es la esclava rumía?
Silvia	Vuestra soy, señora mía.
Yzuf	Verdad es: yo la he comprado.
Zahara	Por cierto, la compra es bella si cual hermosa es honesta. Decid, señor, ¿cuánto os cuesta?
Yzuf	Dado he mil doblas por ella.
Zahara	¿Espera ser rescatada?
Yzuf	De muy rica tiene fama.
Zahara	¿Su nombre?
Yzuf	Silvia se llama.
Zahara	¿Es doncella o es casada?

Silvia	Casada soy y doncella.
Zahara	¿Cómo es eso, Silvia? Di.
Silvia	Señora, ello es así, que así lo quiso mi estrella. El cielo me dio marido, no para que le gozase, sino para que quedase yo perdida y él perdido.

(Aquí sale un moro diciendo.)

Moro	Yzuf, a llamarte envía apriesa el rey nuestro, Azán.
Yzuf	¿Dónde está agora?
Moro	En Duán, metido en grande agonía. Amet, jenízar agá, y los bolucos bajíes, y también los debajíes y oldajes están allá. Hanse juntado a consejo sobre que es averiguado que el rey de España ha juntado de guerra grande aparejo. Dicen que va a Portugal, mas témese no sea maña; y es bien que tema su saña Argel, que le hace más mal. En la guerra hay mil ensayos

	de fraude y de astucia llenos:
	acullá suenan los truenos
	y acá disparan los rayos.
Yzuf	Vamos: quel cielo, que toma
	por suya nuestra defensa,
	a España hará, con su ofensa,
	sujeta y sierva a Mahoma.
	Y vos, señora, ordenad
	a Silvia lo que ha de hacer;
	y vos, Silvia, a su querer
	sujetad la voluntad.

(Vanse los dos, y quedan Silvia y Zahara solas.)

Zahara	Cristiana, di: ¿de adónde eres?
	¿Eres pobre, o eres rica?
	¿De suerte ensalzada, o chica?
	No me lo niegues, si quieres,
	porque soy, cual tú, mujer,
	y no de entrañas tan duras
	que tus tristes desventuras
	no me hayan de enternecer.
Silvia	Señora, soy de Granada,
	y de suerte así abatida,
	cual lo muestra el ser vendida
	a cada paso y comprada.
	Dicen que fui rica un tiempo,
	pero toda mi riqueza
	se ha vuelto en mayor pobreza
	y ha pasado con el tiempo.
Zahara	¿Has algún tiempo tenido

	enamorado deseo?
Silvia	Al estado en que me veo, el crudo Amor me ha traído.
Zahara	¿Fuiste acaso bien querida?
Silvia	Fuilo; y quise con ventaja tal, que apenas la mortaja borrará fe tan subida.
Zahara	¿Fuiste querida primero, o empezó el amor de ti?
Silvia	Primero querida fui del que quise, querré y quiero.
Zahara	¿Es mozo?
Silvia	Y aun gentilhombre.
Zahara	¿Es cristiano?
Silvia	Pues ¡qué!, ¿moro? ¡No sale de su decoro quien ha de cristiano el nombre!
Zahara	¿Y es pecado querer bien a un moro?
Silvia	Yo no sé nada; sé que es cosa reprobada, y a cristianas no está bien.

Zahara	¿Y querer mora a cristiano?
Silvia	Eso tú mejor lo entiendes.
Zahara	¡Ay, Silvia, cómo me ofendes y me lastimas temprano!
Silvia	¿Yo, mi señora? ¿En qué suerte?
Zahara	Escucha y te lo diré; que, en oyéndome, bien sé que vendrás de mí a dolerte. Has de saber, ¡oh Silvia!, que estos días partieron deste puerto con buen tiempo doce bajeles, de cosarios todos, y con próspero viento caminaron la vuelta de las islas de Cerdeña; y allí, en las calas, vueltas y revueltas, y puntas que la mar hace y la tierra, se fueron a esconder, estando alerta si algún bajel de Génova o de España, o de otra nación, con que no fuese francesa, por el mar se descubría. En esto, un bravo viento se levanta, que maestral se llama, cuya furia dicen los marineros que es tan fuerte, que las tupidas velas y las jarcias del más recio navío y más armado no pueden resistirla, y es forzoso acudir al abrigo más cercano, si su rigor acaso lo concede. Las levantadas ondas, el ruido del atrevido viento detenía los cosarios bajeles en las calas,

sin dejarles salir al mar abierto;
y en otra parte, con furor insano,
mostrando su braveza fatigaba
una galera de cristiana gente
y de riquezas llena, que, corriendo
por el hinchado mar sin remo alguno,
venía a su albedrío, temerosa
de ser sorbida de las bravas ondas;
pero después, a cabo de tres días,
del recio mar y viento contrastada,
descubrió tierra, y fue el descubrimiento
de su mayor dolor y desventura,
porque a la misma isla de San Pedro
vino a parar, adonde recogidos
estaban los bajeles enemigos,
los cuales, de la presa cudiciosos,
salen, y de furor bélico armados,
la galera acometen destrozada
y de solos deseos defendida.
Una pelota pasa en el momento
al capitán el pecho, y a su lado
del lusitano fuerte, muerto cae
un caballero ilustre valenciano.
El robo, las riquezas, los cautivos
que los turcos hallaron en el seno
de la triste galera me ha contado
un cristiano que allí perdió la dulce
y amada libertad, para quitarla
a quien quiere rendirse a su rendido.
Este cristiano, Silvia, este cristiano;
este cristiano es, Silvia, quien me tiene
fuera del ser que a moras es debido,
fuera de mi contento y alegría,
fuera de todo gusto, y estoy fuera,

that es lo peor, de todo mi sentido.
Compróle mi marido, y está en casa;
y, puesto que con lágrimas y ruegos,
con sospiros, ternezas y con dádivas,
procuro de ablandar su duro pecho,
al mío, que contino es blanda cera,
el suyo se me muestra de diamante;
así que, Silvia, hermana, como has dicho
que al cristiano no es lícito dé gusto
en cosas del amor a mora alguna,
tus razones me tienen ofendida,
y con aquesas mesmas se defiende
Aurelio, a quien ha hecho tan cristiano
el cielo para darme a mí la muerte.

Silvia	¿Aurelio dices que por nombre tiene, señora, ese cristiano?
Zahara	Así se llama.
Silvia	La galera que dices, según creo, se llamaba San Pablo, y era nueva y de la sacra religión de Malta. Yo en ella me perdí, y aun imagino que conozco a ese Aurelio, y es un mozo de rostro hermoso y de nación hispana.
Zahara	Sin duda has acertado, ¡ay, Silvia mía! ¿Quién es este enemigo de mi gloria? ¿Es caballero, o rústico villano? Que todo lo parece en su apostura y dura condición: el talle ilustre, de la ciudad; la condición, del monte.

| Silvia | A mí, pobre escudero me parece,
según en la galera se trataba;
que de su hacienda no sé más, señora. |
|---|---|
| Zahara | Ni yo sé qué te diga, ¡oh Silvia, Silvia!,
sino que a tal estremo soy venida,
que le tengo de amar, sea quien se fuere.
Solo te ruego que procures, Silvia,
de ablandar esta tigre y fiera hircana,
y atraerla con dulces sentimientos
a que sienta la pena que padece
esta mísera esclava de su esclavo;
y si esto, Silvia, haces, yo te juro
por todo el Alcorán de buscar modo
cómo con brevedad alegre vuelvas
al patrio dulce suelo deseado. |
| Silvia | Deja, señora, al cargo a Silvia dello,
que tu verás lo que mi industria hace
por gusto tuyo y por provecho mío. |

(Vanse Zahara y Silvia y sale Aurelio, solo.)

| Aurelio | ¡Oh santa edad, por nuestro mal pasada,
a quien nuestros antiguos le pusieron
el dulce nombre de la Edad dorada!
   ¡Cuán seguros y libres discurrieron
la redondez del suelo los que en ella
la caduca mortal vida vivieron!
   No sonaba en los aires la querella
del mísero cautivo, cuando alzaba
la voz a maldecir su dura estrella.
   Entonces libertad dulce reinaba
y el nombre odioso de la servidumbre |
|---|---|

en ningunos oídos resonaba.
   Pero, después que sin razón, sin lumbre,
ciegos de la avaricia, los mortales,
cargados de terrena pesadumbre,
   descubrieron los rubios minerales
del oro que en la tierra se escondía,
ocasión principal de nuestros males,
   éste que menos oro poseía,
envidioso de aquél que, con más maña,
más riquezas en uno recogía,
   sembró la cruda y la mortal cizaña
del robo, de la fraude y del engaño,
del cambio injusto y trato con maraña.
   Mas con ninguno hizo mayor daño
que con la hambrienta, despiadada guerra,
que al natural destruye y al estraño.
   ésta consume, abrasa, y echa por tierra,
los reinos, los imperios populosos,
y la paz hermosísima destierra,
   y sus fieros ministros, codiciosos
más del rubio metal que de otra cosa,
turban nuestros contentos y reposos.
   Y, en la sangrienta guerra peligrosa,
pudiendo con el filo de la espada
acabar nuestra vida temerosa,
   la guardan de prisiones rodeada,
por ver si prometemos por libralla
nuestra pobre riqueza mal lograda.
   Y así, puede el que es pobre y que se halla
puesto entre esta canalla al daño cierto
su libertad a Dios encomendalla,
   o contarse, viviendo, ya por muerto,
como el que en rota nave y mar airado
se halla solo, sin saber dó hay puerto.

    Y no tengo por menos desdichado
al que tiene con qué y el modo ignora
cómo llegar al punto deseado,
    porque esta gente, do bondad no mora,
no dio jamás palabra que cumpliese,
como falsa, sin ley, sin fe y traidora.
    Guardará por su dios al interese,
y do éste no interviene, no se espere
que por sola virtud bondad hiciese.
    Aquí en diverso traje veo que muere
el ministro de Dios, y por su oficio
más abatido es, peor se quiere,
    y el mancebo cristiano al torpe vicio
es dedicado desta gente perra,
do consiste su gloria y ejercicio.
    ¡Oh cielo santo! ¡Oh dulce, amada tierra!
¡Oh Silvia! ¡Oh gloria de mi pensamiento!
¿Quién de tu alegre vista me destierra?
    Pero, si no me engaño, pasos siento.
Yzuf, mi amo, es éste que aquí viene.
¡Cuán ajeno de síle trae el tormento!

Sale Yzuf.

Yzuf   Quien con amor amargo se entretiene,
y al duro yugo de su servidumbre
el flaco cuello ya inclinado tiene,
    si del cielo no viene nueva lumbre
que aquella ceguedad de los sentidos
con claros rayos de razón alumbre,
    todos estos remedios son perdidos;
que al fin irán por tierra derribados
los amigos consejos más sabidos.
    Más viejos y más pláticos soldados

             tiene el rey a su mando y su servicio;
             déjeme a mí, que tengo otros cuidados;
                mejor será que el trabajoso oficio
             de reparar los fosos y muralla
             entregue al que de Amor aún es novicio;
                que yo más cruda y más fiera batalla
             espero a cada paso, ¡ay suerte dura!,
             que teme el alma y ha de atropellalla.
                ¡Oh Silvia, reina de la hermosura!,
             por vos a los oficios doy de mano
             que pudieran honrarme y dar ventura.
                Pero, ¿qué es lo que he dicho?
                              ¡Oh ciego insano!
             ¿No vale más gozar de aquellos ojos,
             que ser señor del áureo suelo hispano?
             Tu beldad, Silvia, adoro aquí de hinojos.

(Aurelio vuelve, y, hallándole de rodillas, le dice.)

Aurelio   ¿Son éstos los despojos, señor mío,
                 que el gran cuidado mío te procura?
                 Por cierto que es locura averiguada
                 mostrar tan derribada la esperanza.
                 Ten, señor, confianza; espera un poco,
                 que das muestras de loco en lo que haces.

Yzuf   Poco me satisfaces y contentas,
                 si consolarme tientas con razones.
                 ¿Has visto las faciones de mi diosa?

Aurelio   Señor, no he visto cosa. ¿Es ya venida?
                 Si lo es, retraída está allá dentro.

Yzuf   Sí está, y aun en el centro de mi pecho.

Aurelio	Ten cierto tu provecho desde hoy más.
Yzuf	Vamos, y verla has, y ten cuidado de lo que te he rogado, Aurelio amigo.
Aurelio	El cielo será dello buen testigo.

(Vanse, y sale Fátima sola.)

Fátima El esperado punto es ya llegado
que pide la no vista hechicería
para poder domar el no domado
pecho, que domará la ciencia mía.
por la región del cielo, el estrellado
carro lleva la noche oscura y fría,
y la ocasión me llama do haré cosas
horrendas, estupendas, espantosas.
   El cabello dorado al aire suelto
tiene de estar, y el cuerpo desceñido,
descalzo el pie derecho, el rostro vuelto
al mar adonde el Sol se ha zabullido;
al brazo este sartal será revuelto
de las piedras preñadas que en el nido
del águila se hallan, y esta cuerda
con mi intención la virtud suya acuerda.
   Aquestas cinco cañas, que cortadas
fueron en Luna llena por mi mano,
en esta mesma forma acomodadas,
lo que quiero harán fácil y llano;
también estas cabezas, arrancadas
del jáculo, serpiente, en el verano
ardiente allá en la Libia, me aprovechan,
y aun estos granos si en el suelo se echan.

Esta carne, quitada de la frente
del ternecillo potro cuando nace,
cuya virtud rarísima, excelente,
en todo a mi deseo satisface,
envuelta en esta yerba, a quien el diente
tocó del corderillo cuando pace,
hará que Aurelio venga cual cordero
mansísimo y humilde a lo que quiero.
   Esta figura, que de cera es hecha,
en el nombre de Aurelio fabricada,
será con blanda mano y dura flecha,
por medio el corazón atravesada.
Quedará luego Zahara satisfecha
de aquella voluntad desordenada,
y el helado cristiano vendrá luego
ardiendo en amoroso y dulce fuego.
   A vosotros, ¡oh justos Radamanto
y Minos!, que con leyes inmutables
en los oscuros reinos del espanto
regís las almas tristes miserables;
si acaso tiene fuerza el ronco canto
o mormurio de versos detestables,
por ellos os conjuro, ruego y pido
ablandéis este pecho endurecido.
   ¡Rápida, Ronca, Run, Raspe, Riforme,
Gandulandín, Clifet, Pantasilonte,
ladrante tragador, falso triforme,
herbárico pastífero del monte,
Herebo, engendrador del rostro inorme
de todo fiero dios, a punto ponte
y ven sin detenerte a mi presencia,
si no desprecias la zoroastra ciencia!

(Sale un demonio y dice.)

Demonio	La fuerza incontrastable de tus versos y mormurios perversos me han traído del reino del olvido a obedecerte; mas, ¡oh mora!, quel verte en esta empresa infinito me pesa, porque entiendo que es ir tiempo perdiendo.
Fátima	¿Por qué causa?
Demonio	Pon al conjuro pausa, y al momento satisfaré tu intento en lo que pides, si acaso tú te mides y acomodas a mis palabras todas y consejos. Todos tus aparejos son en vano, porque un pecho cristiano, que se arrima a Cristo, en poco estima hechicerías. Por muy diversas vías te conviene atraerle a que pene por tu amiga.
Fátima	¿Así questa fatiga no aprovecha?
Demonio	En balde ha sido hecha. Mas escucha, que con presteza mucha y sin rodeo cumplirás tu deseo en este modo: en el infierno todo no hay quien haga más cruda y fiera plaga entre cristianos, aunque muestren más sanos corazones y limpias intenciones, que es la dura necesidad que apura la paciencia; no tiene resistencia esta pasión; la otra es la ocasión. Si estas dos vienen y con Aurelio tienen estrecheza, verás a su braveza derribada

	y en blandura tornada, y con sosiego, regalarse en el fuego de Cupido.
Fátima	Pues esas dos te pido que me invíes, y que no te desvíes desta empresa.
Demonio	Tu mandado se hará con toda priesa.
(Vanse.)	
	Fin de la segunda jornada

Jornada tercera

(Salen dos esclavos y dos muchachos moros, que les salen diciendo estas palabras, que se usan decir en Argel: «Joan, o Juan, non rescatar, nonfugir. Don Juan no venir; acá morir, perro, acá morir; don Juan no venir; acá, morir».)

Esclavo 1 ¡Bien decís, perros; bien decís, traidores!
Que si don Juan el valeroso de Austria
gozara del vital amado aliento,
a solo él, a sola su ventura,
la destrucción de vuestra infame tierra
guardara el justo y piadoso cielo.
Mas no le mereció gozar el mundo;
antes, en pena de tan graves culpas
como en él se comenten, quiso el hado
cortar el hilo de su dulce vida
y arrebatar el alma el alto cielo.

Muchacho 1 ¡Don Juan no venir; acá morir!

Esclavo 2 ¡Si él acaso viniera, yo sé cierto
que huyérades vosotros, gente infame!

Muchacho 1 ¡Don Juan no venir; acá morir!

Esclavo 2 ¡Tú morirás, y no podrás huirte
del duro cativerio del infierno!

Muchacho 1 ¡Don Juan no venir; acá morir!

Esclavo 2 Vendrá su hermano, el ínclito Filipo,
el cual, sin duda, ya venido hubiera
si la cerviz indómita y erguida

| | del luterano Flandes no ofendiese
tan sin vergüenza a su real corona. |
|---|---|
| Muchacho 1 | Don Juan no venir; ¡acá morir! |

Vanse los muchachos.

| Esclavo 1 | Primero espero ver puestas por tierra
estas flacas murallas, y este nido
y cueva de ladrones abrasado,
pena que justamente le es debida
a sus continos y nefandos vicios. |
|---|---|
| Esclavo 2 | Será nunca acabar si respondemos;
déjalos ya, Pedro Álvarez, amigo,
que ellos se cansarán, y dime agora
si todavía piensas de huirte. |
| Esclavo 1 | ¡Y cómo! |
| Esclavo 2 | ¿En qué manera? |
| Esclavo 1 | ¿En qué manera?
Por tierra, pues no puedo de otra suerte. |
| Esclavo 2 | ¡Dificultosa empresa, cierto, emprendes! |
| Esclavo 1 | Pues, ¿qué quieres que haga? Dime, hermano;
que mis ancianos padres, que son muertos,
y un hermano que tengo se ha entregado
en la hacienda y bienes que dejaron,
el cual es tan avaro, que, aunque sabe
la esclavitud amarga que padezco,
no quiere dar, para librarme della, |

        un real de mi mismo patrimonio.
Como esto considero, y veo que tengo
un amo tan cruel como tú sabes,
y que piensa que yo soy caballero,
y que no hay modo que limosna alguna
llegue a dar el dinero que él me pide,
y la insufrible vida que padezco,
de hambre, desnudez, cansancio y frío,
determino morir antes huyendo,
que vivir una vida tan mezquina.

Esclavo 2   ¿Has hecho la mochila?

Esclavo 1   Sí, ya tengo
casi diez libras de bizcocho bueno.

Esclavo 2   ¿Pues hay desde aquí a Orán sesenta leguas
y no piensas llevar más de diez libras?

Esclavo 1   No, porque tengo hecha ya una pasta
  de harina y huevos, y con miel mezclada,
y cocida muy bien, la cual me dicen
que da muy poco della gran sustento;
y si esto me faltare, algunas yerbas
pienso comer con sal, que también llevo.

Esclavo 2   ¿Zapatos llevas?

Esclavo 1   Sí, tres pares buenos.

Esclavo 2   ¿Sabes bien el camino?

Esclavo 1   ¡Ni por pienso!

Esclavo 2   Pues, ¿cómo piensas ir?

Esclavo 1   Por la marina;
que agora, como es tiempo de verano,
los alárabes todos a la sierra
se retiran, buscando el fresco viento.

Esclavo 2   ¿Llevas algunas señas por do entiendas
cuál es de Orán la deseada tierra?

Esclavo 1   Sí llevo, y sé que he de pasar primero
dos ríos: uno del Bates nombrado,
río del azafrán, que está aquí junto;
otro, el de Hiqueznaque, que es más lejos.
Cerca de Mostagán, y a man derecha,
está una levantada y grande cuesta,
que dicen que se llama el Cerro Gordo,
y puesto encima della se descubre
frente por frente un monte, que es la Silla,
que sobre Orán levanta la cabeza.

Esclavo 2   ¿Caminarás de noche?

Esclavo 1   ¿Quién lo duda?

Esclavo 2   ¿Por montañas, por riscos, por honduras
te atreves a pasar, en las tinieblas
de la cerrada noche, sin camino
ni senda que te guíe adonde quieres?
¡Oh libertad, y cuánto eres amada!
Amigo dulce, el cielo santo haga
salir con buen suceso tu trabajo.
Dios te acompañe.

Esclavo 1	Y él vaya contigo.

(Vanse los dos esclavos, y salen Aurelio y Silvia.)

Aurelio	Dádome ha la Fortuna por descuento de todo mi trabajo, Silvia mía, la gloria de mirarte y el contento. Mi pena será vuelta en alegría de hoy más, pues que te veo, Silvia amada, y mi cerrada noche en claro día.
Silvia	Yo soy, mi bien, la bien afortunada, pues que torno a gozar de tu presencia, de lo que estaba ya desconfiada.
Aurelio	¿Cómo os ha ido, esposa, en esta ausencia, en poder desta gente que no alcanza razón, virtud, valor, almas, conciencia?
Silvia	Como he tenido y tengo la esperanza puesta en el Hacedor de tierra y cielo con cristiana y segura confianza, por su bondad, aun tengo el casto velo guardado, y con su ayuda santa espero no tener de mancharle algún recelo.

Aurelio	Sabrás, esposa dulce, que el artero
	y vengativo Amor ha salteado
	con áspero rigor, airado y fiero,
	    el pecho de mi ama, y le ha llagado
	de una llaga incurable, pues le tiene
	deste pecho, que es tuyo, enamorado,
	    y a doquiera que voy comigo viene;

	y, según que la mora me declara, con el solo mirarme se entretiene.
Silvia	Todo ese cuento ya me ha dicho Zahara, y me ha pedido que yo a ti te pida no quieras desdeñarla así a la clara. También no pasa menos triste vida Yzuf, nuestro amo, que también me adora, con fe que, a lo que creo, no es fingida.
Aurelio	¡Oh pobre moro!
Silvia	¡Oh desdichada mora!
Aurelio	¡Cómo enviáis en vano al vano viento vuestros vanos suspiros de hora en hora! También me ha dicho Yzuf todo su intento y me ha rogado que yo a vos os ruegue algún alivio deis a su tormento. Mas antes con airada furia llegue una saeta que me pase el pecho, y esta alma de las carnes se despegue, que tan a costa mía su provecho y tan en daño vuestro procurase, aunque él quede de mí mal satisfecho.
Silvia	Si en este caso, Aurelio, nos bastase mostrar a éstos voluntad trocada, sin que el daño adelante más pasase, tendríalo por cosa yo acertada, porque deste fingir se granjearía el no estorbarnos nuestra vista amada. Dirás a Zahara que por causa mía no te muestras tan áspero, y yo al moro

         diré que mucho puede tu porfía;
       y, guardando los dos este decoro
       con discreción podremos fácilmente
       aplacar con el vernos nuestro lloro.

Aurelio   El parecer que has dado es excelente,
       y haráse cual lo ordenas, y entre tanto,
       quizá se aplacará el hado inclemente.
         Yo escribiré a mi padre en el quebranto
       en que estamos los dos; tú, Silvia, puedes
       escribir a los tuyos otro tanto.
         Y, porque a veces tienen las paredes,
       según se dice, oídos, Silvia mía,
       agradeciendo al cielo estas mercedes,
       pasemos esta plática a otro día.

(Salen la Ocasión y la Necesidad.)

Ocasión   Necesidad, fiel ejecutora
       de cualquiera delito que te ofrece
       la pública ocasión o la secreta,
       ya ves cuán apremiadas y forzadas
       del Herebo infernal habemos sido,
       para venir a combatir la roca
       del pecho encastillado de un cristiano,
       que está rebelde y muestra que no teme
       del niño y ciego dios la grande fuerza.
       Es menester que tú le solicites
       y te le muestres, siempre a todas horas,
       en el comer, y en el vestir y en todas
       las cosas que pensare o pretendiere.
       Yo, por mi parte, de contino pienso
       ponérmele delante y la melena
       de mis pocos cabellos ofrecerle,

| | y detenerme un rato, porque pueda
               asirme della, cosa poco usada
               de mi ligera condición y presta. |
|--------------|---|
| Necesidad | Bien puedes, Ocasión, estar segura
               que yo haré por mi parte maravillas
               si tu favor y ayuda no me falta.
               Pero ves, aquí viene el indomable;
               apercíbete, hermana, y derribemos
               la vana presunción deste cristiano. |

(Sale Aurelio.)

Aurelio	¿Que no ha de ser posible, pobre Aurelio,
el defenderte desta mora infame,
que por tantos caminos te persigue?
Sí será, sí, si no me niega el cielo
el favor que hasta aquí no me ha negado.
De mil astucias usa y de mil mañas
para traerme a su lascivo intento:
ya me regala, ya me vitupera,
ya me da de comer en abundancia,
ya me mata de hambre y de miseria.
Necesidad	Grande es, por cierto, Aurelio, la que tienes.
Aurelio	Grande necesidad, cierto, padezco.
Necesidad	Rotos traes los zapatos y vestido.
Aurelio	Zapatos y vestidos tengo rotos.
Necesidad	En un pellejo duermes, y en el suelo.

Aurelio	En el suelo me acuesto en un pellejo.
Necesidad	Corta traes la camisa, sucia y rota.
Aurelio	Sucia, corta camisa y rota traigo.
Ocasión	Pues yo sé, si quisieses, que hallarías ocasión de salir dese trabajo.
Aurelio	Pues yo sé, si quisiese, que podría salir desta miseria a poca costa.
Ocasión	Con no más de querer a tu ama Zahara, o con dar muestras solo de quererla.
Aurelio	Con no más de querer bien a mi ama, o fingir que la quiero, me bastaba. Mas, ¿quién podrá fingir lo que no quiere?
Necesidad	Necesidad te fuerza a que lo hagas.
Aurelio	Necesidad me fuerza a que lo haga.
Ocasión	¡Oh, cuán rica que es Zahara y cuán hermosa!
Aurelio	¡Cuán hermosa y cuán rica que es mi ama!
Necesidad	Y liberal, que hace mucho al caso, que te dará a montón lo que quisieres.
Aurelio	Y, siendo liberal y enamorada, daráme todo cuanto le pidiere.

Ocasión	Extraña es la ocasión que se te ofrece.
Aurelio	Extraña es la ocasión que se me ofrece, mas no podrá torcer mi hidalga sangre de lo que es justo y a sí misma debe.
Ocasión	¿Quién tiene de saber lo que tú haces? Y un pecado secreto, aunque sea grave, cerca tiene el remedio y la disculpa.
Aurelio	¿Quién tiene de saber lo que yo hago? Y una secreta culpa no merece la pena que a la pública le es dada.
Ocasión	Y más, que la ocasión mil ocasiones te ofrecerá secretas y escondidas.
Aurelio	Y más, que a cada paso se me ofrecen secretas ocasiones infinitas. ¡Cerrar quiero con una! ¡Aurelio, paso, que no es de caballero lo que piensas, sino de mal cristiano, descuidado de lo que a Cristo y a su sangre debe!
Necesidad	Misericordia tuvo y tiene Cristo con que perdona siempre las ofensas que por necesidad pura le hacen.
Aurelio	Pero bien sabe Dios que aquí me fuerza pura necesidad, y esto reciba el cielo por disculpa de mi culpa.
Ocasión	Agora es tiempo, Aurelio; agora puedes

                        asir a la ocasión por los cabellos.
                        ¡Mira cuán linda, dulce y amorosa
                        la mora hermosa viene a tu mandado!

(Sale Zahara.)

Zahara   Aurelio, ¿solo estás?

Aurelio   ¡Y acompañado!

Zahara   ¿De quién?

Aurelio   De un amoroso pensamiento.

Zahara   ¿Quién es la causa? Di.

Aurelio   Si te la digo,
                        podría ser que ya no me llamases
                        riguroso, cruel, desamorado.

Necesidad   ¡Obrando va tu fuerza, compañera!

Ocasión   ¿Pues no ha de obrar? Escucha en lo que para.

Zahara   Si eso así fuese, Aurelio, dichosísima
                        sería mi ventura, y tú serías
                        no menos venturoso, dulce Aurelio.
                        Y, porque más de espacio y más a solas
                        me puedas descubrir tu pensamiento,
                        sígueme, Aurelio, agora que se ofrece
                        la ocasión de no estar Yzuf en casa.

Aurelio   Sí seguiré, señora; que ya es tiempo
                        de obedecerte, pues que soy tu esclavo.

Necesidad   Por tierra va, Ocasión, el fundamento
              del bizarro cristiano. ¡Ya se rinde!

Ocasión   ¡Tales combates juntas le hemos dado!
              Entrémonos con Zahara en su aposento,
              y allí de nuevo, cuando Aurelio entrare,
              tornaremos a darle tientos nuevos.

(Vanse la Ocasión y la Necesidad, y Zahara con ellos, y queda Aurelio solo.)

Aurelio   Aurelio, ¿dónde vas? ¿Para dó mueves
              el vagaroso paso? ¿Quién te guía?
              ¿Con tan poco temor de Dios te atreves
              a contentar tu loca fantasía?
              Las ocasiones fáciles y leves
              que el lascivo regalo al alma envía
              tienen de persuadirte y derribarte
              y al vano y torpe amor blando entregarte.
                ¿Es éste el levantado pensamiento
              y el propósito firme que tenías
              de no ofender a Dios, aunque en tormento
              acabases tus cortos, tristes días?
              ¿Tan presto has ofrecido y dado al viento
              las justas, amorosas fantasías,
              y ocupas la memoria de otras vanas,
              inhonestas, infames y livianas?
                ¡Vaya lejos de mí el intento vano!
              ¡Afuera, pensamiento malnacido!
              ¡Que el lazo enredador de amor insano,
              de otro más limpio amor será rompido!
              ¡Cristiano soy, y he de vivir cristiano;
              y, aunque a términos tristes conducido,
              dádivas o promesa, astucia o arte,

no harán que un punto de mi Dios me aparte!

(Sale Francisco, el muchacho hermano del niño que vendieron en la segunda jornada, y dice.)

Francisco   ¿Has visto, Aurelio, a mi hermano?

Aurelio   ¿Dices a Juanico?

Francisco   Sí.

Aurelio   Poquito habrá que le vi.

Francisco   ¡Oh santo Dios soberano!

Aurelio   ¿Padeces algún tormento, Francisco?

Francisco   Sí; una fatiga
que no sé como la diga,
aunque sé cómo la siento;
 y no quieras saber más,
para entender mi cuidado,
sino que mi hermano ha dado
el ánima a Satanás.

Aurelio   ¿Ha renegado, por dicha?

Francisco   ¿Dicha llamas renegar?
Si él lo viene a efectuar,
ello será por desdicha.
 Ha dado ya la palabra
de ser moro, y este intento
en su tierno pensamiento

	con regalos siempre labra.
Aurelio	Vesle, Francisco, a do asoma. ¡Bizarro viene, por cierto!
Francisco	Estos vestidos le han muerto: que él ¿qué sabe qué es Mahoma?

Sale Juan, el hermano de Francisco.

Aurelio	Vengáis norabuena, Juan.
Juan	¿No saben ya que me llamo...
Aurelio	¿Cómo?
Juan	...así como mi amo?
Francisco	¿En qué modo?
Juan	Solimán.
Francisco	¡Tósigo fuera mejor, que envenenara aquel hombre que así te ha mudado el nombre! ¿Qué es lo que dices, traidor?
Juan	Perro, poquito de aqueso, que se lo diré a mi amo. ¿Porque Solimán me llamo, me amenaza? ¡Bueno es eso!
Francisco	¡Abrázame, dulce hermano!

Juan	¿Hermano? ¿De cuándo acá?
	¡Apártase el perro allá;
	no me toque con la mano!
Francisco	¿Por qué conviertes en lloro
	mi contento, hermano mío?
Juan	ése es grande desvarío.
	¿Hay más gusto que ser moro?
	Mira este galán vestido,
	que mi amo me le ha dado,
	y otro tengo de brocado,
	más bizarro y más pulido.
	Alcuzcuz como sabroso,
	sorbeta de azúcar bebo,
	y el corde, que es dulce, pruebo,
	y pilao, que es provechoso.
	Y en vano trabajarás
	de aplacarme con tu lloro;
	mas, si tú quieres ser moro,
	a fe que lo acertarás.
	Toma mis consejos sanos,
	y veráste mejorado.
	Adiós, porque es gran pecado
	hablar tanto con cristianos.
(Vase Juan.)	
Francisco	¿Hay desventura igual en todo el suelo?
	¿Qué red tiene el demonio aquí tendida
	con que estorba el camino de ir al cielo?
	¡Oh tierna edad, cuán presto eres vencida,
	siendo en esta Sodoma recuestada
	y con falsos regalos combatida!

| Aurelio | ¡Oh, cuán bien la limosna es empleada
en rescatar muchachos, que en sus pechos
no está la santa fe bien arraigada!
　¡Oh, si de hoy más, en caridad deshechos
se viesen los cristianos corazones,
y fuesen en el dar no tan estrechos,
　para sacar de grillos y prisiones
al cristiano cativo, especialmente
a los niños de flacas intenciones!
　En esta santa obra así excelente,
que en ella sola están todas las obras
que a cuerpo y alma tocan juntamente.
　Al que rescatas, de perdido cobras,
reduces a su patria el peregrino,
quítasle de cien mil y más zozobras:
　de hambre, que le aflige de contino;
de la sed insufrible, y de consejos
que procuran cerrarle el buen camino;
　de muchos y continos aparejos
que aquí el demonio tiende, con que toma
a muchachos cristianos y aun a viejos.
　¡Oh secta fementida de Mahoma;
ancha casaca poco escrupulosa,
con qué facilidad los simples doma! |
|---|---|
| Francisco | ¿Mándasme, buen Aurelio, alguna cosa? |
| Aurelio | Dios te guíe, Francisco, y ten paciencia;
que la mano bendita poderosa
curará de tu hermano la dolencia. |

(Vase Francisco, y, yéndose a salir Aurelio, sale Silvia y dice.)

Silvia	¿Dó vas, Aurelio, dulce amado esposo?
Aurelio	A verte, Silvia, pues tu vista sola es el perfecto alivio a mis trabajos.
Silvia	También el verte yo, mi caro Aurelio, es el remedio de mis graves daños.

(Abrázanse, y estánlo mirando sus amos. Salen los dos y Zahara va a dar a Silvia, Yzuf a Aurelio.)

Zahara	¡Perra! ¿Y esto se sufre ante mis ojos?
Yzuf	¡Perro, traidor esclavo! ¿Con la esclava?
Zahara	No, no señor; no tiene culpa Aurelio, que al fin es hombre, sino esta perra esclava.
Yzuf	¿La esclava? No señora. ¡Este maldito, forjador e inventor de mil embustes, tiene la culpa destas desvergüenzas!
Zahara	Si esta lamida, si esta descarada no le diera ocasión, no se atreviera Aurelio así a abrazarla estrechamente.
Aurelio	No, por cierto, señores; no ha nacido nuestra desenvoltura de ocasiones lascivas, según da las muestras dello, sino que a Silvia le rogaba agora me hiciese una merced que ha muchos días que se la pido, y no por mi interese; y ella también a mí me ha persuadido un servicio le hiciese que conviene

	para mejor servir la casa vuestra.
Y, por habernos concedido entrambos
aquello que pedía el uno al otro,
en señal de contento nos hallastes
de aquel modo que vistes abrazados,
sin manchar los honestos pensamientos.
Yzuf	¿Es verdad esto, Silvia?
Silvia	Verdad dice.
Yzuf	¿Qué pediste tú a él?
Silvia	Poco te importa
saber lo que yo a Aurelio le pedía.
Zahara	¿Concediótelo, en fin?
Silvia	Como yo quise.
Yzuf	Entraos adentro, que por fuerza os creo;
porque, si no os creyese, convendría
castigar vuestro exceso con mil penas.

(Vanse Aurelio y Silvia.)

    Sabréis, señora, que en este mismo punto,
viniendo por el Zoco, me fue dicho
cómo el rey me mandaba que llevase
a Silvia con Aurelio a su presencia;
y tengo para mí que algún tresleño
y mal cristiano, que a los dos conoce,
al rey debe de haber significado
cómo son de rescate estos cativos;

	y, como el rey está tan mal conmigo,
	porque aceptar no quise el cargo y honra
	de reparar los fosos y murallas,
	quiéremelos quitar, sin duda alguna.
Zahara	El remedio que en esto se me ofrece
	es advertir a Aurelio que no diga
	al rey que es caballero, sino un pobre
	soldado que iba a Italia, y que esta Silvia
	es su mujer; y si esto el rey creyese,
	no querrá por el tanto que costaron
	quitártelos, que el precio es muy subido.
Yzuf	Muy bien dices, señora; ven, entremos
	y demos este aviso a los dos juntos.
(Vanse.)	

Fin de la tercera jornada

Jornada cuarta

(Entra el Esclavo que se huyó, descalzo, roto el vestido, y las piernas señaladas como que trae muchos rasgones de las espinas y zarzas por do ha pasado.)

Esclavo 1 Este largo camino,
tanto pasar de breñas y montañas,
y el bramido contino
de fieras alimañas
me tiene de tal suerte,
que pienso de acabarle con mi muerte.
   El pan se me ha acabado,
y roto entre jarales el vestido;
los zapatos, rasgado;
el brío, consumido;
de modo que no puedo
un pie del otro pie pasar un dedo.
   Ya la hambre me aqueja,
y la sed insufrible me atormenta;
ya la fuerza me deja;
ya espero desta afrenta
salir con entregarme
a quien de nuevo quiera cautivarme.
   He ya perdido el tino;
no sé cuál es de Orán la cierta vía,
ni senda ni camino
la triste suerte mía
me ofrece; mas, ¡ay laso!,
que, aunque la hallase, no hay mover el paso.
   ¡Virgen bendita y bella,
remediadora del linaje humano,
sed Vos aquí la estrella
que en este mar insano
mi pobre barca guíe

             y de tantos peligros me desvíe!
                ¡Virgen de Monserrate,
             que esas ásperas sierras hacéis cielo,
             enviadme rescate,
             sacadme deste duelo,
             pues es hazaña vuestra
             al mísero caído dar la diestra!
                Entre estas matas quiero
             esconderme, porque es entrado el día;
             aquí morir espero.
             Santísima María,
             en este trance amargo,
             el cuerpo y alma dejo a vuestro cargo.

(Échase a dormir entre unas matas, y sale un león y échase junto a él muy manso, y luego sale otro Cristiano, que también se ha huido de Argel, y dice.)

Cristiano   Estas pisadas no son,
                     por cierto, de moro, no;
                     cristiano las estampó,
                     que con la misma intención
                     debe de ir que llevo yo.
                        De alárabes las pisadas
                     son anchas y mal formadas,
                     porque es ancho su calzado;
                     el nuestro más escotado,
                     y así son diferenciadas.
                        Yo seguro que no está
                     muy lejos de aquí escondido,
                     porque el rastro he ya perdido;
                     mas el Sol alto está ya,
                     y yo mal apercebido.
                        Aquí me quiero esconder
                     hasta que al anochecer

torne a seguir mi viaje;
que en este mismo paraje
Mostagán viene a caer.
   Pues el Sol sale de allí,
el norte hacia aquí se inclina:
no está lejos la marina.
¡Oh, qué mal que estoy aquí!
¡Buen Jesús, tú me encamina,
   que mucho alárabe pasa
por esta campaña rasa!
Si hoy me he acertado a esconder,
no me despido de ver,
mis hijos, mujer y casa.

(Escóndese, y luego sale un morillo el muchacho moro, como que va buscando yerbas, y ve escondido a este segundo cristiano, y comienza a dar voces: «¡Nizara, nizara!», a las cuales acuden otros moros y cogen al cristiano, y dándole de mojicones se van. En entrando, despierta el primer cristiano, el Esclavo 1 que está junto al león, y viéndole, se espanta y dice.)

Esclavo 1   ¡Santo Dios! ¿Qué es lo que veo?
¡Qué manso y fiero león!
Saltos me da el corazón;
cumplido se ha mi deseo;
libre soy ya de pasión,
   pues lo quiere mi ventura.
Éste, con su fuerza dura,
mis días acabará,
y su vientre servirá
al cuerpo de sepultura.
   Pero tanta mansedumbre
no se ve así fácilmente
en animal tan valiente,
aunque su fiera costumbre,

muestra a las veces clemente.
   Mas, ¿quién sabe si movido
el cielo de mi gemido,
este león me ha enviado
para ser por él tornado
al camino que he perdido?
   Sin duda es divina cosa,
y asegúrame este intento
que en mis espíritus siento,
con fuerza maravillosa,
un nuevo crecido aliento;
   y ya es caso averiguado
que otro león ha llevado
a la Goleta a un cautivo
que le halló en un monte esquivo,
huido y descaminado.
   ¡Obra es ésta, Virgen pía,
de vuestra divina mano,
porque ya está claro y llano
que el hombre que en vos confía
no espera y confía en vano!
   Espérame, compañero,
que yo determino y quiero
seguirte doquier que fueres;
que ya me parece que eres,
no león, sino cordero.

(Vase y vuelve a salir en la cuarta jornada con el león que le guía. Dice.)

   Nunca con menos afán
he caminado camino;
y, aquello que yo imagino,
no está muy lejos Orán.
¡Gracias te doy, Rey divino!

¡Virgen pura, a Vos alabo!
Yo ruego llevéis al cabo
tan estraña caridad;
que, si me dais libertad,
prometo seros esclavo.

(Vase, y en la cuarta jornada salen dos cautivos: Pedro y Sayavedra.)

Pedro   Siete escudos de oro he granjeado
con mi solicitud, industria y maña,
y aun son pocos, según he trabajado.
   Nunca tuve otros tantos en España,
cuando anduve en la guerra de Granada,
armado nueve meses en campaña.

Sayavedra   ¿Cómo cayeron, Pedro en la celada
los siete escudos hoy, por vida mía,
cualque nueva campaña fabricada?

Pedro   Muy mal se negará a tu cortesía
cualquier secreto mío. Escucha agora,
y verás lo que he hecho en este día.
   En esta casa grande do Yzuf mora,
renegado español que está casado
con Zahara, la ilustre hermosa mora,
   está un cautivo nuevo, que es llamado
Aurelio, y una Silvia, hermosa dama,
de quién está el Aurelio enamorado.
   Los dos de principales tienen fama,
y helo dicho yo al rey, y mandó darme
los tres escudos déstos.

Sayavedra   ¡Gentil trama!

Pedro	Gentil o no gentil, si remediarme
	no puedo de otra suerte, y cada día
	he de dar mi jornal y sustentarme,
	¿quieres que cate y guarde cortesía
	a quien puede pagar bien su rescate?
	¡No reza esa oración mi ledanía!
Sayavedra	¿Los otros cuatro?
Pedro	Son de un jaque y mate
	que he dado en una bolsa de un cristiano
	con un muy concertado disparate.
	Hele hecho tocar casi con mano
	que tengo ya una barca medio hecha,
	debajo de la tierra, allá en un llano.
	Queda desta verdad bien satisfecha,
	su voluntad, y, cierto, el bobo piensa
	alcanzar libertad ya desta hecha;
	y para ayuda, el gasto y la despensa
	de tablas, vela, pez, clavos y estopa,
	los cuatro dio con que compró su ofensa.
Sayavedra	¡Desdichado de aquel que acaso topa
	contigo, Pedro, y tú más desdichado,
	que así cudicias la cristiana ropa!
	¡En peligroso golfo has engolfado
	tu barca, de mentiras fabricada,
	y en ella tú serás solo anegado!
Pedro	La de Noé, que está bien ancorada
	en las sierras de Armeña, sería buena,
	si no vale la mía acaso nada.
	Quizá nos llevará a Sierra Morena,
	pero, por cuatro escudos, buena es ésta,

        si acuden otros cuatro a caer carena.
          Ajenos pies han de subir la cuesta
agria de mi trabajo, y yo, holgando,
haré agasajo, regocijo y fiesta.
          ¿Qué piensas, Sayavedra?

Sayavedra   Estoy pensando
cómo se echa a perder aquí un cristiano,
y más, mientras más va, va peorando.
          Cautivo he visto yo que da de mano
a todo aquello que su ley le obliga,
y vive a veces vida de pagano.
          A otro le avasalla su fatIga,
y en Dios y en ella ocupa el pensamiento;
la abraza y la quiere como amiga.
          Y de ti sé que tienes el intento
holgazán, embaidor y cudicioso,
fundado sobre embustes sin cimiento.
          Tarde habrá libertad...

Pedro   ¡Estás donoso!
Antes la tengo ya cierta y segura,
sino que estoy un poco vergonzoso.
          Pienso mudar de nombre y vestidura,
y llamarme Mamí.

Sayavedra   ¿Renegar quieres?

Pedro   Sí quiero, mas entiende de qué hechura.

Sayavedra   Reniega tú del modo que quisieres,
que ello es muy gran maldad y horrible culpa,
y correspondes mal a ser quien eres.

Pedro	Bien sé que la conciencia ya me culpa, pero tanto el salir de aquí deseo, que esta razón daré por mi disculpa.
	Ni niego a Cristo ni en Mahoma creo: con la voz y el vestido seré moro, por alcanzar el bien que no poseo.
	Si voy en corso, séme yo de coro que, en tocando en la tierra de cristianos, me huiré, y aun no vacío de tesoro.
Sayavedra	Lazos son ésos cudiciosos, vanos, con que el demonio tienta fácilmente con el alma ligarte pies y manos.
	Un falso bien se muestra aquí aparente, que es tener libertad, y, en renegando, se te irá el procurarla de la mente,
	que siempre esperarás el cómo y cuándo: «Este año, no; el otro será cierto»; y así lo irás por años dilatando.
	Tiéneme en estos casos bien esperto muchos que he visto con tu mismo intento, y a ninguno llegar nunca a buen puerto.
	Y, puesto que llegases, ¿es buen cuento poner un tan inorme y falso medio para alcanzar el fin de tu contento? Daño puedes llamarle a tal remedio.
Pedro	Si no puede esperarse, ni es posible de mi necesidad otra salida para alcanzar la libertad gozosa, ¿es mucho aventurarse algunos días a ser moro no más de en la apariencia, si con esta cautela se granjea

	la amada libertad que se va huyendo?
Sayavedra	Si tú supieses, Pedro, a dó se extiende la perfectión de nuestra ley cristiana, verías cómo en ella se nos manda que un pecado mortal no se cometa, aunque se interesase en cometerle la universal salud de todo el mundo. Pues, ¿cómo quieres tú, por verte libre de libertad del cuerpo, echar mil hierros al alma miserable, desdichada, cometiendo un pecado tan inorme como es negar a Cristo y a su Iglesia?
Pedro	¿Dónde se niega Cristo ni su Iglesia? ¿Hay más de retajarse y decir ciertas palabras de Mahoma, y no otra cosa, sin que se miente a Cristo ni a sus santos, ni yo le negaré por todo el mundo, que acá en mi corazón estará siempre y él solo el corazón quiere del hombre?
Sayavedra	¿Quieres ver si lo niegas? Está atento. Fíngete ya vestido a la turquesca, y que vas por la calle y que yo llego delante de otros turcos y te digo: «Sea loado Cristo, amigo Pedro. ¿No sabéis cómo el martes es vigilia y que manda la Iglesia que ayunemos?». A esto, dime: ¿qué responderías? Sin duda que me dieses mil puñadas, y dijeses que a Cristo no conoces, ni tienes con su Iglesia cuenta alguna, porque eres muy buen moro, y que te llamas,

	no Pedro, sino Aydar o Mahometo.
Pedro	Eso haríalo yo, mas no con saña,
	sino porque los turcos que lo oyesen
	pensasen que, pues dello me pesaba,
	que era perfecto moro y no cristiano;
	pero acá, en mi intención, cristiano siempre.
Sayavedra	¿No sabes tú que el mismo Cristo dice:
	«Aquel que me negare ante los hombres,
	de Mí será negado ante mi Padre;
	y el que ante ellos a Mí me confesare,
	será de Mí ayudado ante el Eterno
	Padre mío»? ¿Es prueba ésta bastante
	que te convenza y desengañe, amigo,
	del engaño en que estás en ser cristiano
	con solo el corazón, como tú dices?
	¿Y no sabes también que aquel arrimo
	con que el cristiano se levanta al cielo
	es la cruz y pasión de Jesucristo,
	en cuya muerte nuestra vida vive,
	y que el remedio, para que aproveche
	a nuestras almas el tesoro inmenso
	de su vertida sangre por bien nuestro,
	depositado está en la penitencia,
	la cual tiene tres partes esenciales,
	que la hacen perfecta y acabada:
	contrición de corazón la una,
	confesión de la boca la segunda,
	satisfación de obras la tercera?
	Y aquel que contrición dice que tiene,
	como algunos cristianos renegados,
	y con la boca y con las obras niegan
	a Cristo y a sus santos, no la llames

aquella contrición, sino un deseo
de salir del pecado; y es tan flojo,
que respectos humanos le detienen
de ejecutar lo que razón le dice;
y así, con esta sombra y aparencia
deste vano deseo, se les pasa
un año y otro, y llega al fin la muerte
a ponerle en perpetua servidumbre
por aquel mismo modo que él pensaba
alcanzar libertad en esta vida.
¡Oh cuántas cosas puras, excelentes,
verdaderas, sin réplica, sencillas,
te pudiera decir que hacen al caso,
para poder borrar de tu sentido
esta falsa opinión que en él se imprime!
Mas el tiempo y lugar no lo permite.

Pedro

Bastan las que me has dicho, amigo; bastan,
y bastarán de modo que te juro,
por todo lo que es lícito jurarse,
de seguir tu consejo y no apartarme
del santísimo gremio de la Iglesia,
aunque en la dura esclavitud amarga
acabe mis amargos tristes días.

Sayavedra

Si a ese parecer llegas las obras,
el día llegará, sabroso y dulce,
do tengas libertad; que el cielo sabe
darnos gusto y placer por cien mil vías
ocultas al humano entendimiento;
y así, no es bien ponerse en contingencia
que por sola una senda y un camino
tan áspero, tan malo y trabajoso
nos venga el bien de muchos procurado,

	y hasta aquí conseguido de muy pocos.
Pedro	¡Mis obras te darán señales ciertas de mi arrepentimiento y mi mudanza!
Sayavedra	¡El cielo te dé fuerzas y te quite las ocasiones malas que te incitan a tener tan malvado y ruin propósito!
Pedro	El mesmo a ti te ayude, cual merece la sana voluntad con que me enseñas. Adiós, que es tarde.
Sayavedra	¡Adiós, amigo!

(Sale el rey con cuatro turcos.)

| Rey | De ira y de dolor hablar no puedo;
y es la ocasión de mi pesar insano
el ver que don Antonio de Toledo
así se me ha escapado de la mano.
Los arraces, sus amos, con el miedo
que yo no les tomase su cristiano,
a Tetuán con priesa le enviaron,
y en cinco mil ducados le tallaron.
　¿Un tan ilustre y rico caballero
por tan vil precio distes, vil canalla?
¿Tanto os acudiciastes al dinero,
tan grande os pareció que era la talla
que le añedistes otro compañero,
el cual solo pudiera bien pagalla?
¿Francisco de Valencia no podía
pagar solo por sí mayor cuantía?
　En fin, favorecióles la ventura, |

        que pudo más que no mi diligencia;
que ésta es la que concierta y asegura
lo que no puede hacer humana ciencia.
Conocieron el tiempo y coyuntura,
y huyeron de no verse en mi presencia:
que si yo a don Antonio aquí hallara,
cincuenta mil ducados me pagara.
      Es hermano de un conde y es sobrino
de una principalísima duquesa,
y en perderse, perdió en este camino
ser coronel en una ilustre empresa.
Airado el cielo se mostró y begnino
en hacerle cautivo y darse priesa
a darle libertad por tal rodeo,
que no pudo pedir más el deseo.
      Pero, pues ya no puede remediarse,
el tratar más en ello es escusado.
Mirad si viene alguno a querellarse.

Turco   Señor, aquí está Yzuf, el renegado.

Rey   Entre con intención de aparejarse
a obedecer en todo mi mandado;
si no, a fe que le trate en mi presencia
cual merece su necia inobidencia.

(Sale Yzuf.)

        ¿Dónde están tus cristianos?

Yzuf   Allí fuera.

Rey   ¿Cuánto diste por ellos?

Yzuf	Mil ducados.
Rey	Yo los daré por ellos.
Yzuf	No se espera, de tu bondad agravios tan sobrados.
Rey	¿En esto me replicas?
Yzuf	Da siquiera algún alivio en parte a mis cuidados. Al esclavo te doy, rey, sin dinero, y déjame la esclava, por quien muero.
Rey	¿Tal osaste decir, oh moro infame? Llevalde abajo, y dalde tanto palo, hasta que con su sangre se derrame el deseo que tiene torpe y malo.
Yzuf	Dame, señor, mi esclava, y luego dame la muerte en fuego, a hierro, a gancho, en palo.
Rey	¡Quitádmelo delante! ¡Acabad presto!
Yzuf	¿Por pedirte mi hacienda soy molesto?

(Sacan fuera a Yzuf a empujones, y entran luego dos alárabes con el cristiano que se huyó, que asieron en el campo, y estos dos moros dicen al Rey: «Alicun galema gultam adareimi guanaran gal gul».)

Rey	¿Adónde ibas, cristiano?
Esclavo	Procuraba llegarme a Orán, si el cielo lo quisiera.

Rey	¿Adónde cautivaste?
Esclavo	En la almadraba.
Rey	¿Tu amo?
Esclavo 1	Ya murió; que no debiera, pues me dejó en poder de una tan brava mujer, que no la iguala alguna fiera.
Rey	¿Español eres?
Esclavo	En Málaga nacido.
Rey	Bien lo muestras en ser así atrevido. ¡Oh yuraja caur! Dalde seiscientos palos en las espaldas muy bien dados, y luego le daréis otros quinientos en la barriga y en los pies cansados.
Esclavo	¿Tan sin razón ni ley tantos tormentos tienes para el que huye aparejados?
Rey	¡Cito cifuti breguedi! ¡Atalde, abrilde, desollalde y aun matalde!

(Atanle con cuatro cordeles de pies y de manos, y tiran cada uno de su parte, y dos le están dando; y, de cuando en cuando, el cristiano, Esclavo 1 se encomienda a Nuestra Señora, y el rey se enoja y dice en turquesco, con cólera: «Laguedi denicara, bacinaf; ¡a la testa, a la testa!», y está diciendo, mientras le están dando.)

¡No sé qué raza es ésta destos perros

cautivos españoles! ¿Quién se huye?
¡Español! ¿Quién no cura de los hierros?
¡Español! ¿Quién hurtando nos destruye?
¡Español! ¿Quién comete otros mil hierros?
¡Español!, que en su pecho el cielo influye
un ánimo indomable, acelerado,
al bien y al mal contino aparejado.
   Una virtud en ellos he notado:
que guardan su palabra sin reveses,
y en esta mi opinión me han confirmado
dos caballeros Sosas portugueses.
Don Francisco también la ha sigurado,
que tiene el sobrenombre de Meneses,
los cuales sobre su palabra han sido
enviados a España, y la han cumplido.
   Don Fernando de Ormaza también fuese
sobre su fe y palabra, y así ha hecho,
un mes antes que el término cumpliese,
la paga, con que bien me ha satisfecho.
De darles libertad, un interese
se sigue tal, que dobla mi provecho:
que, como van sobre su fe prendados,
les pido los rescates tresdoblados.
   Y éste dalde a su amo, y llamad luego
un cristiano de Yzuf, que está allí fuera,
que quiero que granjee su sosiego
por ver si mi opinión es verdadera.
De pérdida y ganancia es este juego.

Turco   Señor, del bien hacer siempre se espera
galardón, y si falta deste suelo,
la paga se dilata para el cielo.

(Sale Aurelio y dícele el Rey.)

Rey	Ya sé quién eres, cristiano;
	tu virtud, valor y suerte,
	y sé que presto has de verte
	en el patrio suelo hispano.
	Esta Silvia, ¿es tu mujer?
Aurelio	Sí, señor.
Rey	Y ¿adónde ibas
	cuando en las ondas esquivas
	perdiste todo el placer?
Aurelio	Yo se lo diré, señor,
	en verdaderas razones.
	De otro rey y otras prisiones
	fui yo esclavo, que es Amor.
	Desta Silvia enamorado
	anduve un tiempo en mi tierra,
	y la fuerza desta guerra
	me ha traído en este estado.
	A su padre la pedí
	muchas veces por mujer,
	pero nunca a mi querer
	solo un punto le rendí;
	y, viendo que no podía
	por aquel modo alcanzalla,
	determiné de roballa,
	que era la más fácil vía.
	Cumplí en esto mi deseo,
	y, pensando ir a Milán,
	trújome el hado al afán
	y esclavitud do me veo.

Rey

No pierdas la confianza
en esta vida importuna,
pues sabes que de Fortuna
la condición es mudanza.
   Yo te daré libertad
a ti y a Silvia al momento,
si tienes conocimiento
de pagar tal voluntad.
   Mil ducados he de dar
por los dos, y solo quiero
que me deis dos mil; empero,
habéismelo de jurar,
   y así, sobre vuestra fe,
os partiréis luego a España.

Aurelio

Señor, a merced tamaña,
¿qué gracias te rendiré?
   Yo prometo de enviallos
dentro de un mes, sin mentir,
aunque los sepa pedir
por Dios, y si no, hurtallos.

Rey

Pues, luego os aparejad,
y en la primera saetía
tomad de España la vía,
que a los dos doy libertad.

Aurelio

El suelo y cielo te trate
cual merece tu bondad,
y tomá mi voluntad
por prenda deste rescate;
   que yo perderé la vida
o cumpliré mi palabra:
que este bien ya escarba y labra

	en mi sangre bien nacida.
Turco	Señor, un navío viene.
Rey	¿De qué parte?
Turco	De Ocidente.
Rey	Mejor es que no de Oriente. ¿Es de gavia?
Turco	Gavia tiene.
Rey	Debe ser de mercancía.
Turco	Podría ser, aunque se suena que la mercancía es buena si es limosna.
Rey	Sí sería. Vamos. Tú, Aurelio, procura tu partida, y ten cuidado de aquello que me has jurado.
Aurelio	Crezca el cielo tu ventura.

(Vase el Rey y queda Aurelio.)

¡Gracias te doy, eterno Rey del cielo,
que tan sin merecerlo has permitido
que, por la mano de quien más temía,
tanto bien, tanta gloria me viniese!

(Sale Francisco y dice.)

Francisco   ¡Albricias, caro Aurelio!, que es llegado
                 un navío de España, y todos dicen
                 que es de limosna cierto, y que en él viene
                 un fraile trinitario cristianísimo,
                 amigo de hacer bien, y conocido,
                 porque ha estado otra vez en esta tierra
                 rescatando cristianos, y da ejemplo
                 de mucha cristiandad y gran prudencia.
                 Su nombre es fray Juan Gil.

Aurelio   Mira no sea,
                 fray Jorge de Olivar, que es de la Orden
                 de la Merced, que aquí también ha estado,
                 de no menos bondad y humano pecho;
                 tanto, que ya después que hubo espendido
                 bien veinte mil ducados que traía,
                 en otros siete mil quedó empeñado.
                 ¡Oh caridad extraña! ¡Oh santo pecho!

(Entran tres esclavos, asidos en sus cadenas.)

Esclavo 1   ¡Qué buen día, compañeros!
                 La limosna está en el puerto.
                 Mi remedio tengo cierto,
                 porque aquí me traen dineros.

Esclavo 2   No tengo bien, ni le espero,
                 ni siento en mi tierra quien
                 me pueda hacer algún bien.

Esclavo 3   Pues yo no me desespero

Francisco   Dios nos ha de remediar,

    hermanos: mostrad buen pecho,
que el Señor que nos ha hecho,
no nos tiene de olvidar.
    Roguémosle, como a Padre,
nos vuelva a nuestra mejora,
pues es nuestra intercesora
su Madre, que es nuestra Madre;
    porque, con tan santo medio,
nuestro bien está seguro:
que ella es nuestra fuerza y muro,
nuestra luz, nuestro remedio.

(Echan todos las cadenas al suelo y híncanse de rodillas, y dice el uno.)

Esclavo 1   ¡Vuelve, Virgen Santísima María,
tus ojos que dan luz y gloria al cielo,
a los tristes que lloran noche y día
y riegan con sus lágrimas el suelo!
Socórrenos, bendita Virgen pía,
antes que este mortal corpóreo velo
quede sin alma en esta tierra dura
y carezca de usada sepultura.
    Otro Reina de las alturas celestiales,
Madre y Madre de Dios, Virgen y Madre,
espanto de las furias infernales,
Madre y Esposa de tu mismo Padre,
remedio universal de nuestros males:
si con tu condición es bien que cuadre
usar misericordia, úsala agora,
y sácame de entre esta gente mora.
    Otro En Vos, Virgen dulcísima María,
entre Dios y los hombres medianera,
de nuestro mar incierto cierta guía,
Virgen entre las vírgenes primera;

en vos, Virgen y Madre; en Vos confía
mi alma, que sin Vos en nadie espera,
que me habréis de sacar con vuestras manos
de dura servidumbre de paganos.

Aurelio
Si yo, Virgen bendita, he conseguido
de tu misericordia un bien tan alto,
¿cuándo podré mostrarme agradecido,
tanto que, al fin, no quede corto y falto?
Recibe mi deseo, que, subido
sobre un cristiano obrar, dará tal salto,
que toque ya, olvidado deste suelo,
el alto trono del impereo cielo.
   Y, en tanto que se llega el tiempo y punto
de poner en efecto mi deseo,
al ilustre auditorio que está junto,
en quien tanta bondad discierno y veo,
si ha estado mal sacado este trasunto
de la vida de Argel y trato feo,
pues es bueno el deseo que ha tenido,
en nombre del autor, perdón les pido.

Fin

Libros a la carta

A la carta es un servicio especializado para
empresas,
librerías,
bibliotecas,
editoriales
y centros de enseñanza;
y permite confeccionar libros que, por su formato y concepción, sirven a los propósitos más específicos de estas instituciones.
Las empresas nos encargan ediciones personalizadas para marketing editorial o para regalos institucionales. Y los interesados solicitan, a título personal, ediciones antiguas, o no disponibles en el mercado; y las acompañan con notas y comentarios críticos.
Las ediciones tienen como apoyo un libro de estilo con todo tipo de referencias sobre los criterios de tratamiento tipográfico aplicados a nuestros libros que puede ser consultado en Linkgua-ediciones.com.
Linkgua edita por encargo diferentes versiones de una misma obra con distintos tratamientos ortotipográficos (actualizaciones de carácter divulgativo de un clásico, o versiones estrictamente fieles a la edición original de referencia).
Este servicio de ediciones a la carta le permitirá, si usted se dedica a la enseñanza, tener una forma de hacer pública su interpretación de un texto y, sobre una versión digitalizada «base», usted podrá introducir interpretaciones del texto fuente. Es un tópico que los profesores denuncien en clase los desmanes de una edición, o vayan comentando errores de interpretación de un texto y esta es una solución útil a esa necesidad del mundo académico.
Asimismo publicamos de manera sistemática, en un mismo catálogo, tesis doctorales y actas de congresos académicos, que son distribuidas a través de nuestra Web.
El servicio de «libros a la carta» funciona de dos formas.
1. Tenemos un fondo de libros digitalizados que usted puede personalizar en tiradas de al menos cinco ejemplares. Estas personalizaciones pueden ser de todo tipo: añadir notas de clase para uso de un grupo de estudiantes, introducir logos corporativos para uso con fines de marketing empresarial, etc. etc.

2. Buscamos libros descatalogados de otras editoriales y los reeditamos en tiradas cortas a petición de un cliente.

www.ingramcontent.com/pod-product-compliance
Lightning Source LLC
Chambersburg PA
CBHW051657040426
42446CB00009B/1186